EDUCAÇÃO
Para um
MUNDO
MELHOR

Editora EME

Solicite nosso catálogo completo, com mais de 350 títulos, onde você encontra as melhores opções do bom livro espírita: literatura infantojuvenil, contos, obras biográficas e de autoajuda, mensagens espirituais, romances, estudos doutrinários, obras básicas de Allan Kardec, e mais os esclarecedores cursos e estudos para aplicação no centro espírita – iniciação, mediunidade, reuniões mediúnicas, oratória, desobsessão, fluidos e passes.

E caso não encontre os nossos livros na livraria de sua preferência, solicite o endereço de nosso distribuidor mais próximo de você.

Edição e distribuição

EDITORA EME
Caixa Postal 1820 – CEP 13360-000 – Capivari-SP
Telefones: (19) 3491-7000 | 3491-5449
Vivo (19) 9 9983-2575 ☉ | Claro (19) 9 9317-2800
vendas@editoraeme.com.br – www.editoraeme.com.br

LUCIA MOYSÉS

EDUCAÇÃO
Para um
MUNDO MELHOR

Capivari-SP | 2019

Os direitos autorais dessa obra foram cedidos para o Grupo de Apoio ao Menor do Cassinu – Casa de Batuíra, localizado na Rua Otacílio Colares, 15, Gradim, São Gonçalo, RJ.

A Editora EME mantém o Centro Espírita "Mensagem de Esperança" e patrocina, junto com outras empresas, instituições de atendimento social de Capivari-SP.

1ª edição – novembro/2019 – 3.000 exemplares

CAPA | André Stenico
DIAGRAMAÇÃO E PROJETO GRÁFICO | vbenatti
REVISÃO | Letícia Rodrigues de Camargo

Ficha catalográfica

Moysés, Lucia, 1945
    Educação para um mundo melhor – 1ª ed. nov.
2019 – Capivari-SP: Editora EME.
    208 p.

    ISBN 978-85-9544-127-9

1. Educação espírita. 2. Evangelização infantojuvenil. 3. Experiências na evangelização 4. Vivência espírita. I. TÍTULO.

                                        CDD 133.9

A Deus, ao Mestre Jesus e
aos Mentores Espirituais pelo
suporte, bem como a todos
aqueles que nos inspiraram
com suas histórias de vida.

Qual a missão do espírito protetor?

A de um pai com relação aos filhos; a de guiar o seu protegido pela senda do bem, auxiliá-lo com seus conselhos, consolá-lo nas suas aflições, levantar-lhe o ânimo nas provas da vida.

O Livro dos Espíritos,
Allan Kardec, Q. 491

Sumário

Apresentação

NESSA VERTIGINOSA MUDANÇA que se faz, a cada dia, ante os nossos olhos, na sociedade moderna, pais e educadores carecem de paradigmas onde possam ancorar suas ações. Falta-lhes, na tarefa de orientar para o bem os espíritos que estão renascendo nessa era, referências e de certezas.

É provável que a geração que nasceu por volta da segunda metade do século passado – e da qual fazemos parte – tenha um papel a desempenhar nessa hora de transição, pois que cresceu em um mundo totalmente diferente do de agora, mas que também conhece e desfruta dos benefícios incontáveis trazidos por essa transformação, particularmente no âmbito do progresso tecnológico.

Nossos pais ou avós se baseavam na educação recebida no lar para educar seus próprios filhos. Ainda que cometendo atos que hoje criticamos – como usar da agressão física ou do autoritarismo – guardavam a convicção de que agiam para o bem da prole. Na hora presente, os que vieram antes já não se espelham nos comportamentos dos pais. O que valia no passado, não se adequa ao presente. Tudo é muito novo, gerando incertezas. Há carência de massa crítica de estudo e pesquisas que possam oferecer, para os pais e responsáveis, evidências dos ganhos e prejuízos das novas formas de conduzir a educação dos filhos.

É preciso, por exemplo, que se ampliem os conhecimentos sobre as consequências dos novos e mais complexos arranjos familiares; das mudanças comportamentais trazidas pelas novas tecnologias de comunicação e informação; dos sentimentos que vêm minando a confiança no futuro de grandes parcelas de jovens; do materialismo e consumismo exacerbado, marca do mundo moderno, entre tantos outros problemas. Todos trazem no seu bojo, a incerteza.

Entretanto, por maiores sejam as transformações ocorridas na sociedade e na família, e essa consequente insegurança, o papel dos pais continua o mesmo, segundo aprendemos na Doutrina Espírita: o de contribuir, pela educação, para o progresso espiritual dos filhos, aproximando-os de Deus.

Reflexo de situações cotidianas vividas nos lares nos dias correntes, nossa contribuição é um esforço para discutir esse momento de dúvidas e inquietações sob o enfoque espírita, bem como ilustrar com práticas positivas e bons exemplos de vida fundamentados no Evangelho de Jesus.

Na Parte 1 tratamos dos compromissos selados no Além entre pais e filhos; na Parte 2, da importância do período infantil na educação da personalidade. Na Parte 3 abordamos questões ligadas ao amor e à fé. O tema dos valores imperecíveis é analisado na Parte 4, enquanto que na Parte 5 buscamos refletir sobre a educação para um mundo melhor. Quatro casos edificantes de pessoas dedicadas ao bem do próximo constituem a Parte 6. E finalizamos com situações que desafiam a juventude atual, às quais contrapomos conquistas realizadas por jovens espíritas.

PAIS E FILHOS, COMPROMISSOS SELADOS NO ALÉM

PARTE 1

Há vida além
do *smartphone*

MANHÃ DE VERÃO na praia rasa e calma. Diversão para todo lado. A família amiga chega com a filha de sete anos. Nas mãos traz uma versão infantil de *snorkel* (aquele aparelho que permite observar debaixo d'água) e corre para o mar. Quer ver os peixinhos a nadar. Daí a pouco, duas crianças se aproximam curiosas e logo já estão interagindo. As horas seguintes serão passadas entre brincadeiras na areia e no mar, inventadas ali mesmo, sob o olhar atento dos pais.

Quando pergunto pelo filho de quinze anos, fico sabendo que preferiu ficar no apartamento com seu *smartphone*, navegando na internet, jogando videogame, conferindo o que se passa nas redes sociais, acompanhando os *youtubers* da moda, postando, checando...

Esse comportamento tem sido alvo de análise por parte de estudiosos da chamada geração Y ou *millennial*, a que já nasceu em uma era marcada pelos avanços tecnológicos.

Coerente com a lei do progresso, esse mundo tecnológico trouxe benefícios e recursos que vieram facilitar nossa vida, oferecendo-nos conforto, comodidades, entretenimento, informação, e muito mais. Foram mudanças tão rápidas e intensas que ainda não conseguimos encontrar o ponto de equilíbrio no seu uso, sobretudo no que diz respeito à internet. Sabemos que os adolescentes são seus principais usuários. Conectados por longas horas, dão preferência às redes sociais, verdadeiras vitrines, onde são vistos e veem o que se passa na vida das pessoas.

As opções tão diferenciadas daqueles dois irmãos constituem uma oportunidade para reflexão, ainda que breve, do impacto do uso das mídias digitais sobre as aprendizagens socioemocionais de crianças e adolescentes.

Ela sai de casa, usufrui da companhia dos pais e de momentos ao ar livre; explora um novo ambiente; experimenta soluções; interage com outras crianças; mostra-se educada. Com a mente aberta, cria, inventa e se diverte. Observando-a, diria que traz internalizadas as regras aprendidas no lar. Ele, ao contrário, prefere ficar só, no ambiente fechado. Seu modo de agir, típico da maioria dos adolescentes na atualidade, apresenta inúmeros componentes que têm merecido a atenção dos estudiosos sobre os efeitos negativos do uso exagerado do *smartphone*.

Diferente do que acontece no espaço virtual, o mundo real nos leva a estabelecer novos contatos e a conviver com uma ampla gama de pessoas. Umas próximas e amadas, outras que apenas compartilham conosco certos ambientes; algumas que nos agradam, outras que nos aborrecem ou nos provocam desentendimentos. No caso da criança e do jovem, vivenciar tais experiências concorre para o desenvolvimento de competências sociais e emocionais necessárias para se tornarem adultos capazes de enfrentar, com sucesso, os desafios do dia a dia.

Howard Gardner, o renomado autor da Teoria das Inteligências Múltiplas, e Katie Davies[1], pesquisaram os efeitos do mundo digital sobre a intimidade, identidade e imaginação dos jovens, encontrando resultados que nos fazem refletir sobre os fenômenos psicossociais recorrentes na atualidade.

Ao analisarem o perfil de adolescentes que vivem presos aos seus celulares, encontraram uma significativa incidência de problemas no desenvolvimento social, que se traduzem em dificuldades de fazer amizades, lidar com frustrações, arriscar-se diante do desconhecido, tomar decisões e resolver problemas. Explicam que, como grande parte das relações que mantêm com outras pessoas é mediada por recursos digitais, verifi-

---

1. *The App Generation: how today's youth navigate identity, intimacy, and imagination in a digital world*, publicado em 2013.

ca-se, com frequência, a opção de deletar aquelas das quais diverge, fugindo do debate ou da crítica. Assim agindo, deixam escapar excelentes oportunidades de aprender a resolver conflitos.

Outra característica desses adolescentes, que vem sendo observada por familiares e pesquisadores, é não admitir sentir tédio. Se ele surge, as mãos logo se voltam para seus aparelhos em busca de novidades e entretenimento. Também não veem necessidade de estudar, de aprender coisas novas e de saber esperar – a internet informa o que se quer saber, em segundos. Sem paciência, acabam por ter uma visão muito superficial de tudo, o que poderá gerar forte insegurança ante a necessidade de solucionar problemas impostos pela vida. Não tendo saído da concha, falta-lhes autonomia, criatividade, pensamento crítico e, até mesmo, capacidade de conviver com o diferente.

Como a vida nos reserva momentos de sofrimento, reveses e angústias, é preciso estar preparado. Coragem e resiliência são os ingredientes necessários para enfrentá-los, e ambos são construídos a partir da infância. Felizmente, há pais que já compreenderam a necessidade de frustrar as crianças em prol do seu desenvolvimento psicológico e social sadio.[2]

---

2. A esse respeito recomendo a leitura de dois artigos publicados na internet: um de Thais Quaranta sobre filhos viciados em internet e outro de Daniel Becker ensinando os pais a lidarem com crianças que acham que são o centro do mundo, ambos citados nas referências eletrônicas.

Assim sendo, e tendo em vista a imperiosa necessidade que cada um de nós tem de evoluir como seres espirituais que somos, é tarefa dos pais ajudar os filhos no uso equilibrado de tudo aquilo que o mundo virtual oferece.

Comparando as condutas dos dois irmãos, fácil é concluir que, em termos de aprendizagens socioemocionais, a menina superou, e muito, o rapaz. Por mais atrativas que sejam as informações proporcionadas pelas máquinas, nada substitui a presença física do outro nas nossas relações. Ainda temos um longo caminho a percorrer e é na convivência diária, errando e acertando, que vamos burilando as imperfeições que trazemos no coração. Na escola da vida, seguir em paz ao lado do outro ainda é uma das nossas mais preciosas lições.

Despertar o dom de Deus

EM CONTATO COM uma mãe espírita, brasileira, residente na França, eu a ouvi declarar que na cultura daquele país está havendo um crescente ceticismo religioso entre os jovens, e que, de certa forma, isso vem minando as crenças do seu filho de 14 anos, educado sob as luzes do espiritismo.

Sem se dar por vencida, não tem medido esforços para manter vivos os valores religiosos que ele dava mostras de estar incorporando no decorrer dos anos infantis. Para tanto, o evangelho de Jesus e as epístolas de Paulo a Timóteo têm-lhe sido fontes de inspiração. O jovem, entretanto, reluta em aceitar.

Sabemos que durante parte das suas viagens, o apóstolo dos gentios contou com a colaboração amiga do jovem Timóteo, em quem depositava profunda confiança. Considerado como seu filho pela fé, manteve-o sob sua proteção mesmo depois que se afastaram, após muitos anos de convívio, conforme se observa nas missivas a ele endereçadas. Em uma delas – a segunda – (1:6) encontramos o seguinte conselho: "por isso te lembro, despertes o dom de Deus que existe em ti".

Analisando o que ocorre hoje em dia, percebo o quanto é atual e necessária essa recomendação. Os apelos da vida material, intensos e contínuos, parecem estar dificultando, cada vez mais, esse encontro com a Divindade. Aquele sentimento profundo de entrega e de confiança requer força de vontade para ser despertado, como aconselha Paulo. Cuidar da autoiluminação e manter-se nela é, sem dúvida, grande desafio no mundo em que vivemos. Tantos são os desvios que se abrem à nossa frente, tão intensos os apelos para que nos mantenhamos alienados dos valores eternos, que acabamos enovelados na própria sombra, esquecidos de que nascemos para a luz.

Quando ouço depoimentos como o daquela mãe, cujo filho costumava frequentar os encontros de evangelização e participava do culto do evangelho no lar, mas hoje parece rechaçar tudo o que foi ensinado, fico meditando acerca dos motivos que o levaram a isso. É possível que, a despeito do esforço materno, as sementes talvez não tenham sido bem plantadas, caindo em solo infértil. Ou, quem sabe, o sentimento de ligação com o Pai não tenha sido bem cultivado anteriormente. Ou, ainda, que não tenha sido dado à criança o ensejo de vivenciar situações que lhe permitissem "despertar o dom de Deus" que nela existia.

Sentimentos como a solidariedade, a compaixão, a empatia, a boa vontade, a disposição para ajudar, são aprendidos na infância. Infelizmente, porém, no estágio em que nos encontramos, numerosos chefes de famílias ainda seguem desatentos em relação a essas conquistas infantis. Provavelmente, porque não conseguiram desenvolver tais sentimentos em si mesmos, não logram êxito em ensiná-los à prole.

De um modo geral, ainda arrastamos conosco pesadas cargas instintivas, fruto de nosso passado de equívocos e descaminhos, razão pela qual nos é tão difícil abandonar certas atitudes e hábitos que nos fazem paralisar em patamares muito baixos, em detrimento de outros que nos elevariam.

Mas se nascemos para progredir e nos aprimorarmos espiritualmente, manter tais padrões comportamentais significa estacionar. Muitas vezes, mentores abnegados, em comum acordo com o espírito que se candidata a retornar à Terra, colaboram no estabelecimento de metas, projetos, planos reencarnatórios que, em virtude do nosso livre-arbítrio, acabam não sendo efetivados.

Analisar as possíveis razões para o descumprimento não é tarefa fácil, posto que múltiplos devem ser os motivos para tal. Há, no entanto, dois fatores que, a nosso ver, contribuem para o afastamento dos propósitos traçados antes do renascimento: o esquecimento que se manifesta no espírito depois que aqui retorna e o tipo de atrações que encontra a seu redor. Não raro, o reencarnante se defronta com uma ampla gama de estímulos materiais que o atrai para o hedonismo, a satisfação dos seus desejos, a busca por facilidades, deixando-se levar pelas más tendências que ainda possui.

Não foi, pois, sem razão, que os espíritos benfeitores que orientaram Allan Kardec, recomendaram a necessidade de educar a criança desde a mais tenra infância, moldando-lhe o caráter, fortalecendo seus bons sentimentos.

> Cabe à educação combater essas más tendências; ela o fará utilmente quando estiver baseada no estudo aprofundado da natureza moral do homem. Pelo conhecimento das leis que regem essa natureza moral será possível modificá-la, como se modifica a inteligência pela instrução, e como a higiene, que preserva a saúde e previne as doenças, modifica o temperamento.
>
> *O Livro dos Espíritos*, questão 872.

A ciência comprova que o amadurecimento emocional do ser humano demanda tempo. E é por isso que deveríamos prestar apoio aos jovens que carecem de resistências morais, auxiliando-os a encontrar Deus na figura do próximo. Como afirma Joanna de Ângelis[3],

---

3. Esta *Mensagem aos jovens* encontra-se no site da Mansão do Caminho. Vide referências eletrônicas.

(...) trabalhar pela preservação da paz, do apoio aos fracos e oprimidos, aos esfaimados e enfermos, às crianças e às mulheres, aos idosos e aos párias e excluídos dos círculos da hipocrisia, é um programa desafiador que aguarda a ação vigorosa.

Colocar em prática esse roteiro, ajudaria o jovem a encontrar o sentido da vida e a manter o dom divino que habita no seu próprio interior.

Autismo:
um desafio que merece
a nossa atenção

EM MEADOS DO século passado, praticamente não se falava de autismo nos cursos de pedagogia. Quando isso ocorria, era no contexto da chamada educação especial. Os professores abordavam a questão dizendo haver raros registros de crianças que tinham um comportamento estranho, que mesmo sem apresentarem retardo mental, viviam isoladas das demais, fechadas em seu próprio mundo. Lembro-me de que a imagem que delas fazia era a de crianças sonhadoras, que viviam em um mundo próprio, sem desejar ter contato com a realidade. Ao contrário das crianças com síndrome de Down ou com paralisia cerebral, sempre presentes nas nossas práticas e estágios, as autistas eram praticamente invisíveis.

Hoje, o número delas cresce de forma vertiginosa, levando a Organização Mundial de Saúde a confirmar que uma em cada 59 crianças apresenta essa condição em algum grau. Atualmente ela se enquadra no chamado Transtorno do Espectro Autista (TEA).

As dificuldades se caracterizam por um transtorno do neurodesenvolvimento, com alterações em dois domínios principais: o da comunicação e interação social e, também pela presença de padrões restritos e repetitivos de comportamento, as chamadas estereotipias.

Esses problemas podem se manifestar desde os primeiros dias de vida, embora haja inúmeros registros de pais relatando que a criança se desenvolvia normalmente antes do aparecimento dos sintomas. Sabe-se, no entanto, que geralmente eles notam os primeiros sinais de autismo em seus filhos entre os 12 e 18 meses de vida. Essa condição tende a se manter na adolescência e idade adulta. Ainda que muitas possam ter uma vida independente, há outras com incapacidades graves que necessitam de atenção constante e apoio durante toda a sua existência.

Há diversas hipóteses sobre o que causaria o TEA, mas até o momento a ciência ainda não chegou a respostas conclusivas.

É incalculável o sofrimento que, de modo geral, uma criança com autismo causa à família. Com raras exceções, é a figura materna quem se encarrega de todos os cuidados que ela requer.

Diante de um quadro tão doloroso é natural que se pergunte: por que Deus permite que isso aconteça?

A partir do que aprendemos nos estudos espíritas, sabemos que Ele não impõe castigo a Seus filhos; que a Terra é um local de provas e expiações; para cá viemos com a intenção de adquirir novas aprendizagens e corrigir nossos erros; e que dores, aflições e padecimentos fazem parte do nosso processo de crescimento.

Na *Revista Espírita* de outubro de 1865, em um artigo intitulado "Dois irmãos idiotas", Allan Kardec apresenta um caso interessante que nos ajuda a esclarecer a questão do autismo do ponto de vista espiritual. Vale lembrar que a palavra idiota, na psiquiatria, fazia parte de uma antiga classificação dos diferentes tipos de retardo mental e não tinha a conotação depreciativa que agora tem.

No artigo em pauta, o codificador relata o caso de dois irmãos, filhos de operários franceses, severamente afetados em seu desenvolvimento mental. Ambos haviam nascido perfeitos e já dominavam a linguagem, quando, por volta dos três anos de idade, surgiu o transtorno em função de uma breve doença. Daí para diante, mesmo demonstrando que nutriam sentimentos e afetos por determinadas pessoas, não conseguiam se comunicar pela fala. Suas expressões faciais denotavam ser pessoas com um retardo mental sério.

Kardec reconhece que em ambos os irmãos, esse grave comprometimento das funções mentais foi causado pela doença, mas chama a atenção para algo mais: explica que encerrados naqueles corpos estavam dois espíritos adiantados.

> [...] é fácil ver que, por detrás desse véu, existe um pensamento ativo, que encontra um obstáculo invencível à sua livre expressão. A inteligência dessas crianças, durante os primeiros anos, prova que eles são espíritos adiantados, que mais tarde se acharam encerrados em laços muito apertados para que se pudessem manifestar.

E acrescenta que depois da desencarnação, eles irão recuperar o livre uso de suas faculdades.

Continuando sua análise, o codificador admite que eles deviam estar resgatando dívidas de vidas passadas, uma vez que na presente, eles nada teriam feito que merecessem viver em tal situação. E conclui enfatizando que Deus, fonte de toda justiça, permite que assim seja.

Em *O Evangelho segundo o Espiritismo*, ao abordar as causas anteriores das aflições (Cap. V, item 6), ele já havia deixado isso claro. O caso desses irmãos é, segundo o que lá está exposto, um exemplo cristalino de expiação.

Chama a nossa atenção a semelhança que esses dois casos têm com o autismo, no que diz respeito ao tempo em que surgiram, e ao fato de haver, no início da vida, a manifestação da inteligência. Muitos pais se perguntam por que a criança regrediu. E é ainda Kardec quem explica tratar-se das "mil nuanças da expiação, que tem sua razão de ser para o indivíduo, mas cujo motivo muitas vezes seria difícil sondar, pelo simples fato que ele é individual." Ou seja, cada situação é única. E é exatamente o que os atuais estudos sobre o TEA confirmam: não há dois casos idênticos de autismo.

Ele termina o artigo nos alertando que os pais que recebem filhos nessas condições têm, de alguma forma, uma dívida ou compromisso de amor com aqueles espíritos. Trata-se, assim, de uma provação reparadora. Se eles conseguirem ser bem-sucedidos, encontrarão a recompensa no plano espiritual.

Emmanuel, em *Vinha de luz*, na mensagem denominada "Pais", deixa claro qual é o seu papel perante Deus: "Os filhos são obras preciosas que o Senhor lhes confia às mãos, solicitando-lhes cooperação amorosa e eficiente." (p. 329).

O Criador oferece àquele que errou uma oportunidade para refazer os seus passos, em nova vida, e assim continuar a sua trajetória rumo aos planos superiores. Nessa tarefa, Ele confia na colaboração dos pais.

A questão espiritual do autismo, contudo, é por demais complexa, para nos limitarmos a vê-lo apenas como uma aplicação da lei de causa e efeito. Novas interpretações estão surgindo. O tempo tratará de prová-las, ou não.

É importante, também, ressaltarmos que nem sempre existe uma relação direta entre filhos com problemas e seus pais. Santo Agostinho, no capítulo XIV, item 9, de *O Evangelho segundo o Espiritismo*, diz que pode ocorrer, em determinadas famílias que já vêm caminhando juntas há muitas vidas, nas quais predominem os laços de amor, o envio, por Deus, de espíritos problemáticos para o seu seio, com a finalidade de receberem "conselhos e bons exemplos, a bem de seu progresso". E a justificativa para tal é que não cumpre, à família, trabalhar apenas para si. Acrescenta, ainda, que é possível que esses espíritos venham a causar perturbação, o que constituiria uma prova a ser enfrentada. E conclui com o seguinte conselho: "Acolhei-os, portanto, como irmãos; auxiliai-os, e depois, no mundo dos espíritos, a família se felicitará por haver salvo alguns náufragos que, a seu turno, poderão salvar outros".

Pai presente

O INVERNO ENSAIAVA sua despedida. O sol tímido que lançara seus raios por entre as nuvens densas, no dia que amanhecia, se transformara, nos ofertando um belo domingo de céu azul e ar fresco. Irresistível não dar uma caminhada no calçadão da praia e assistir ao desfile que se apresentava aos nossos olhos. Atletas em passadas vigorosas se desviando dos que iam mais lentos, alguns até mesmo em cadeiras de rodas; pessoas tentando controlar seus cães que insistiam em interagir com outros que encontravam no caminho; casais de namorados e crianças com seus pais enchiam de cores e sons a orla marítima.

Em meio a esse movimento, avistamos alguém que nos fez abrir um sorriso, em um misto de surpresa e alegria: nosso médico particular, empurrando em um carrinho uma filhinha de pouco mais de um ano, enquanto outra, de cinco anos, rodopiava ao seu redor, sob o olhar atento da babá. Mas o grupo ainda não estava completo. Eles ali estavam aguardando a avó que acabava de chegar. E o que vimos nos deu a certeza de que estávamos diante de um quadro um tanto raro: uma família unida, estreitando laços de fraternidade. Três gerações a trocar carinhos e afetos. Aquele jovem, que durante toda a semana, tal como seu próprio pai, se dedicava ao exercício da medicina, naquela hora estava cumprindo a tarefa da paternidade com evidente alegria.

E foi com uma pontinha de orgulho que o ouvimos afirmar que o bebê, que viera completar a família, era um menino.

Conhecendo a vida desse médico, sua dedicação aos pacientes, sua atuação como docente em faculdade de medicina, seus constantes e demorados deslocamentos diários e, sobretudo, suas longas jornadas de trabalho, julgamos que seria absolutamente natural que dedicasse o domingo para o seu merecido repouso. Mas, consciente do seu papel de pai, sobretudo em um momento em que a esposa se encontra cuidando de um filhinho recém-nascido, renuncia ao descanso e oferece a suas meninas e a sua mãe aquilo que ele tem de melhor: seu amor e sua companhia.

Gestos assim nos fazem pensar na importância de atitudes desse porte, tão relevantes nos dois extremos da vida. Filhos pequenos precisam se sentir amados e seguros para se desenvolverem emocionalmente sadios. E idosos merecem ser afetivamente incluídos para se perceberem vivos e presentes.

O momento atual, no entanto, com seus fortes apelos a atividades que nos afastam daqueles aos quais deveríamos dar mais atenção, vai nos tornando pessoas cada vez mais egoístas, menos generosas e mais insensíveis.

Os espaços de convivência familiar, dentro e fora do lar, vão se escasseando. É como se estivéssemos perdendo o controle da nossa própria vida, deixando de lado compromissos importantes que esperam pelo nosso olhar.

Por melhores que sejam os funcionários domésticos ou das creches, nada substitui o papel que as figuras parentais exercem na formação dos filhos.

São muitas as facetas do desenvolvimento infantil, a começar pelo aspecto emocional, básico e de importância fundamental no ajustamento futuro. A essa vem se somar o físico, o cognitivo, o social e aquela que fará toda a diferença na postura ética dos filhos no futuro: a moral.

Pais são exemplos. Suas ações ou omissões, seu caráter e suas atitudes vão plasmando, dia após dia, a personalidade dos filhos. Se hoje vivemos uma crise de valores que muitas vezes nos choca pelo contraste entre o elevado nível de escolaridade e o baixíssimo nível moral de um grande número de pessoas; se ansiamos por mudanças, comecemos por analisar nossos próprios comportamentos e façamos tudo que está ao nosso alcance para ajudar a formar gerações mais moralizadas.

"A educação bem compreendida é a chave para o progresso moral", diz-nos Allan Kardec na questão 917 de *O Livro dos Espíritos*. E acrescenta que essa educação precisa se voltar, sobretudo, para a formação do caráter. Estejamos, pois, atentos para o fato de que esta, que começa no berço, pode se dar das mais variadas formas, até mesmo quando se sai para passear com os filhos numa bela manhã de domingo.

A INFÂNCIA RECLAMA ATENÇÃO

PARTE 2

Cair e levantar

MARIA JÚLIA ESTÁ ensaiando os primeiros passos. Escorando aqui e ali, tenta, consegue ficar em pé, dá dois passinhos encostada em uma poltrona... e cai. Chora e a avó vem correndo em sua direção. Imediatamente a levanta, põe no colo e a cobre de carinho. Passado um minuto, a criança se agita. Quer ir para o chão novamente. Ensaia, então, mais uma tentativa que termina da mesma forma: caída e chorando. Desta vez, olha imediatamente para a avó, como a pedir que a console.

A cena se passa sob a vista atenta do jovem pai que, apesar dos seus 23 anos, age com muito bom-senso. Impedindo a avó de socorrê-la, diz para a filhinha se levantar. Ela reluta um pouco, mas o desejo de experimentar outra vez aquela nova sensação fala mais alto. E, por diversas vezes tenta, avança mais um tanto, se desequilibra e torna a cair. As palavras de incentivo do pai, porém, a fazem continuar até conseguir dar os primeiros passos apoiada.

Na conversa entre a avó e o pai (na verdade mãe e filho), ele a faz entender que tentativas e fracassos fazem parte do aprendizado humano; que mais importante do que a menina aprender a andar, seria compreender que só continuando a se arriscar, a se esforçar por se levantar e prosseguir tentando, é que ela conquistaria a meta desejada. Na sua argumentação deixa claro que entende o carinho da avó com aquela única neta, mas reafirma sua convicção de que, na vida, cada qual há que se esforçar para vencer os obstáculos que se interpõem à própria caminhada.

E o bonito dessa história é saber que aquele jovem pensa e age dessa forma por amor à filha. Ele já percebeu que é papel dos pais encontrar o equilíbrio entre amar os filhos e discipliná-los. Sabe que algumas vezes terão que deixá-los vivenciar experiências frustrantes, mas necessárias para a sua autodescoberta.

Todas as crianças têm algumas necessidades muito básicas, que, quando atendidas com o equilíbrio correto, ajudam-nas a desenvolver a resiliência indispensável para se autoperceber como um ser capaz. A tendência tão em voga de superprotegê-las pode ter consequências funestas, como o surgimento da insegurança e a manutenção da ideia de que haverá sempre um adulto por perto para "tirá-las do chão" em cada tropeço, impedindo-as de viver situações dolorosas.

Mas sabemos que a vida não é assim. Não temos o direito de tirar da criança a oportunidade de crescer, de se tornar forte, independente. Muitas conquistas sobre si mesma a esperam, no decorrer da vida, pois para isso ela renasceu.

Há, na literatura espírita, um caso exemplar de um espírito prestes a reencarnar que se reúne, no plano espiritual, com aquela que seria a sua mãe, durante um desdobramento dela. O recado que ela lhe transmite não poderia ser mais claro. Estamos falando de Matilde, uma benfeitora amada e respeitada na colônia onde reside pelos valores morais e espirituais que possui. O caso em questão encontra-se na obra *Libertação*, de André Luiz (p. 167-168).

Nas suas recomendações, ela chama a atenção para a "santidade" do papel da mãe na orientação dos espíritos renascentes, uma vez que, por falta de "braços decididos e conscientes" a guiá-los nos labirintos do mundo, as melhores possibilidades se perdem no começo da vida. Aponta a importância do carinho, ressalvando, no entanto, que o excesso de ternura é tão nocivo quanto a total aspereza no trato com a criança. E prossegue abordando as agruras normais da vida.

Há, na continuidade da sua fala, um ponto que corrobora a questão de se permitir que a criança se fortaleça nas dificuldades:

> Não me recebas, nos braços, por boneca mimosa e impassível. [...] A estufa pode alimentar

as flores mais lindas da Terra, mas não produz os melhores frutos. A árvore benfeitora não prescindirá do carinho e da assistência constante do pomicultor. É imperioso reconhecer, porém, que somente se fortalecerá sob a temperatura atormentadora da canícula, debaixo de aguaceiros salutares ou aos golpes da ventania forte.

Nesta comparação fica evidente o papel das dificuldades no fortalecimento do ser. E avança afirmando que a "luta e o atrito são bênçãos sublimes, através das quais realizamos a superação de nossos velhos obstáculos. É necessário não menosprezá-los, identificando neles o ensejo bendito de elevação".

Ao associar lutas e atritos com nossa elevação espiritual, nos convida a refletir sobre o quanto eles são importantes nas nossas vidas.

E conclui essa orientação pedindo àquela que a receberá nos braços, que aprenda a renunciar nas pequenas questões a fim de poder se beneficiar das luzes que emanam do sacrifício, confiando sempre no Divino Poder, jamais desfalecendo, "ainda mesmo quando a tempestade açoite as fibras mais íntimas do teu coração." (p. 168).

Como são oportunas, atualmente, essas recomendações! Quantos pais acertariam mais na educação dos espíritos que reencarnaram sob a sua responsabilidade, se as colocassem em prática, como faz o pai da pequena Maria Júlia.

Tristes crianças
que brincam
de tráfico

CRIANÇAS REPETEM NAS brincadeiras aquilo que observam no mundo adulto. Isso é um fato incontestável em todos os tempos. No reino da fantasia, pode-se ser o que se quer: mãe, professora, polícia, motorista de caminhão, jogador de futebol.... Brincar é uma forma de ensaiar para a "vida real". Tanto é verdade, que ao fazer uma bobagem, a criança logo se justifica: "mas eu só estava brincando".

Quando eu era pequena, recordo-me de que eu e minhas irmãs, ao brincarmos de casinha, recorríamos invariavelmente à nossa mãe, que nos atendia com os grãos de arroz e de feijão, com os quais preparávamos nossas "comidinhas". Se o assunto eram as bonecas, dos seus guardados vinham os retalhos de tecido para costurarmos as roupas que as enfeitavam. Com os meninos não era diferente. Da sua caixa de costura saíam os botões que iriam completar o jogo de futebol de mesa. O grude caseiro usado para colar o papel de seda nas pipas era feito no fogão da cozinha. E, se porventura, o brinquedo exigisse algo mais elaborado, como a construção de um carrinho de rolimã, eles sabiam que podiam contar com o auxílio paterno na sua construção.

Havia sempre a presença da mãe ou do pai permeando a brincadeira infantil. Sob seus olhares atentos e cuidadosos, as crianças iam se exercitando para os papéis que assumiriam mais tarde.

Tais lembranças surgiram, de súbito, na minha mente quando, folheando o jornal diário, li, estarrecida, a manchete "Vamos brincar de tráfico?". Tratava-se de uma reportagem sobre cinco meninos entre 10 e 13 anos que foram encontrados pela polícia em uma mata, no Rio de Janeiro, simulando a rotina de uma boca de fumo. De pedaços de madeira e cano, amarrados com fitas crepe e isolante, improvisaram fuzis e pistolas. Tal como nas nossas brincadeiras, foi da cozinha de um deles que veio o açúcar que, devidamente embalado, virou cocaína. Em meio aos "brinquedos" improvisados, não faltou sequer o dinheiro de mentirinha, e um caderno para anotações da contabilidade do tráfico. Ao serem encontrados pela polícia, imitavam bandidos trocando tiros.

Impossível não se condoer de tais meninos, entendendo que são vítimas de uma sociedade na qual os exemplos da marginalidade falam mais alto do que aqueles pautados na boa formação moral. É evidente que eles convivem diariamente com a realidade que tentam imitar no faz de conta. Não é difícil imaginar que, assim como nós, todas as peças com as quais montaram a brincadeira tenha vindo de suas casas, sob os olhares dos seus familiares. Provavelmente, os que assim procederam, viram nisso apenas uma forma de preparação para os papéis que deveriam desempenhar futuramente. Tristes papéis.

Todos trazemos de vidas passadas, erros e equívocos, necessitando corrigenda mediante novas e positivas experiências, bem como potencialidades adormecidas que aguardam ser desabrochadas por mãos amorosas. Mais do que uma simples tarefa, é missão dos pais ajudar os filhos na autossuperação das marcas dolorosas que trouxeram, tanto quanto no desenvolvimento dos seus potenciais. São inúmeros os registros anotados por Allan Kardec nas obras básicas enfatizando tal obrigação.

Para que não houvesse dúvidas a esse respeito, os benfeitores espirituais assinalaram, por exemplo, na questão 582, de *O Livro dos Espíritos*, que a paternidade é uma importante missão dos pais, envolvendo mais responsabilidade do que se possa imaginar: "Deus colocou os filhos sob a tutela dos pais, a fim de que estes o dirijam pelo caminho do bem, e lhes facilitou a tarefa dando à criança uma organização frágil e delicada, que a torna acessível a todas as impressões".

Os anos da infância passam céleres, mas é durante esse período que os pais conseguem ajudar os espíritos que renasceram por seu intermédio a crescer em virtudes, a burilar seu caráter e a desenvolver-se moralmente: "Inteirai-vos dos vossos deveres e ponde todo o vosso amor em aproximar de Deus essa alma". São palavras de Santo Agostinho em *O Evangelho segundo o Espiritismo*, cap. XIV, que ressoam em nossa mente sempre que abordamos o tema da educação dos filhos: "Lembrai-vos de que a cada pai e a cada mãe, perguntará Deus: que fizestes do filho confiado à vossa guarda?"

Seria bom que, ao contrário do caso aqui narrado, os pais estivessem mais conscientes do importante papel que lhes cabe no aperfeiçoamento moral dos seus filhos, dando-lhes exemplos salutares, guiando seus passos, corrigindo suas faltas a fim de que, juntos, avançassem na direção do progresso espiritual. O educador espírita Vinícius deixa isso bem claro ao proclamar em *O Mestre na educação*, p. 48, que "O maior bem que se pode fazer ao homem é educá-lo. Os educadores, cientes e conscientes de seu papel, são os verdadeiros benfeitores da Humanidade".

A prevenção
ao uso das drogas

HÁ CERTOS ASSUNTOS que evito publicar, mas dada a gravidade das suas consequências, não há como não o fazer. O suicídio e a dependência química, por exemplo, são alguns deles.

Uma das maiores pandemias existentes na sociedade contemporânea é a dependência decorrente do abuso das drogas lícitas e ilícitas. Chaga que interrompe vidas em pleno desabrochar, tem levado luto e muito sofrimento a milhões de famílias. A Organização Mundial de Saúde afirma que o consumo de drogas causa 500 mil mortes anuais.

Já tive oportunidade de testemunhar o desespero de mães ao constatarem que seu filho ou filha se deixou seduzir pelo convite às drogas, ignorando as malhas tenebrosas que o aprisionarão em curto espaço de tempo e das quais será difícil se livrar. Muitas delas se declaram impotentes para combater o vício depois de instalado. Furtos, discórdias e agressões acabam fazendo parte da rotina diária, tornando quase insuportável o relacionamento familiar.

Conheço, igualmente, a desesperação de pais que perderam a luta para esse terrível flagelo. Arrasados, buscam apoio em outros pais que vivem tão triste experiência. Seus filhos dependentes, presos em cadeias que eles próprios construíram, apressaram o final da existência, ocasionando sérias consequências, em termos espirituais, para si próprios, além de terem deixado para trás corações enlutados a se perguntar: onde foi que eu errei?

Não há uma única resposta em um universo tão diversificado e complexo.

Lançando, porém, um olhar para o futuro, podemos refletir sobre algumas atitudes e providências que, se tomadas, podem contribuir para evitar que as crianças de hoje venham a se tornar usuários mais adiante. Há certas medidas preventivas que podem manter a criança e o jovem afastados desse submundo tão perverso.

Estabelecer conversas, propiciar o diálogo sobre os cuidados que se deve ter com o corpo e com a própria saúde, apontar os malefícios das drogas citando exemplos expostos na mídia, chamar a atenção para possíveis portas de entrada, são ações profiláticas seguras.

Manter, desde a mais tenra idade, laços de confiança com a criança, é outro fator importante na prevenção da dependência química.

Igualmente crucial é observar as tendências e as companhias com as quais o filho sente afinidade. Ignorar tais aspectos pode representar, muitas vezes, o caminho de acesso à iniciação ao mundo das drogas.

Considerando que a dependência química é um tipo de suicídio moral, é imperioso que se eduque a criança para valorizar a vida.

Nesta perspectiva, é sempre desejável explicar aos pequenos o significado da oportunidade reencarnatória, encontrando meios adequados à idade para o entendimento da lei de causa e efeito. E, nessa hora, como uma decorrência natural da conversa, ensiná-los a amar a Deus, Pai de amor, de justiça e misericórdia, deixando manifesto a grandeza do Seu amparo.

Incentivar e levar a criança para participar da evangelização infantojuvenil e integrá-la às tarefas ligadas ao culto do evangelho no lar, são atitudes que ajudam a assegurar proteção e assistência espiritual não somente a ela, mas também a todos os envolvidos.

Encaminhá-la para atividades individuais ou grupais sadias, como as artes e os esportes, sob a supervisão de educadores sérios e comprometidos é outra iniciativa que ajuda crianças e jovens a se manterem longe das drogas. Cabe destacar que tanto as artes quanto os esportes oferecem excelentes situações para elevar a autoestima dos participantes. E uma autoestima elevada concorre para se ter forças quando é preciso dizer não frente aos convites partidos, muitas vezes de colegas, para experimentações nocivas.[4]

Nos casos nos quais o vício já se instalou, inúmeros centros espíritas têm aberto suas portas para o tratamento espiritual – uma medida profilática que vem mostrando resultados muito positivos.

Enfim, o problema da dependência química é sério e exige tais diligências.

Causou-me profunda comoção ouvir de um benfeitor da nossa casa espírita a declaração de que prejuízos causados ao corpo e ao espírito de um dependente químico são de tal ordem, que trazem consequências desastrosas que podem acompanhá-lo por várias existências subsequentes.[5]

Sabendo que a prevenção contra o uso/abuso da droga começa no lar, é sempre bom estar alerta. Vigiemos e oremos, como nos recomendou o Senhor Jesus.

---

4. Tive a oportunidade de abordar profundamente esse tema no meu livro *A autoestima se constrói passo a passo*.

5. Essa mensagem foi incorporada posteriormente no livro *Orientações espirituais sobre dependência química*, com psicografia de Hélio Ribeiro.

Criança é criança

ERA PARA SER uma comemoração de aniversário de uma criança, em um salão de festas. Iniciada em um final de tarde, as brincadeiras corriam por conta de uma animadora profissional, que atuou por quase três horas. Cantado os parabéns, ela se retirou e também grande parte das famílias. A festa, porém, não havia acabado.

Em um salão à meia luz, a brincadeira continuou. Agora, ao som de música eletrônica, algumas crianças ainda se mantinham animadas. Correndo de um canto para outro, elas tentavam pisar nos reflexos luminosos que um globo de espelhos refletia no chão enquanto rodava. Coisa de criança.

No entanto, em um dos cantos, duas meninas aparentando seis anos, dançavam repetindo coreografias eróticas. A sensualidade se revelava em cada gesto, em cada expressão facial. De olhos semicerrados, simulavam atitudes de mulheres que usam a dança com fins de sedução.

Aparentemente, pessoa alguma achou estranho o que se passava. Nem pai, nem mãe. Ninguém. É como se todos estivessem acostumados a isso. Mas a mim incomodou bastante.

Foi com o olhar de educadora e espírita que passei a analisar o fato. Sei que nascemos com uma carga erótica que pode ser intensa ou suave, dependendo da forma como a conduzimos em reencarnações passadas. Neste mundo, renascemos frutos de uma relação sexual. Trazemos a erotização como parte das nossas características mais primitivas. Diz Emmanuel, no capítulo 24 do livro *Vida e sexo* que "Instintos e paixões são energias e estados inerentes à alma de cada um, que as leis da Criação não destroem e sim auxiliam cada pessoa a transformar e elevar, no rumo da perfeição". E prossegue nos alertando que diante da carga de impulsos eróticos

> (...) a própria criatura aprende, gradativamente, a orientar para o bem e a valorizar para a vida. [Um dia] cada um de nós – os filhos de Deus em evolução na Terra – conseguirá sublimar os sentimentos que nos são próprios, de modo a erguer--nos em definitivo, para a conquista da felicidade celeste e do amor Universal.

Se é verdade que a maioria de nós ainda não se libertou dessa energia erotizada, também é fato que cada novo mergulho na carne é uma oportunidade para irmos transformando-a em energia criadora capaz de alavancar o nosso progresso espiritual.

Pelas incontáveis informações que temos acerca dos planejamentos reencarnatórios, sabemos que espíritos protetores nos ajudam a escolher as circunstâncias e provas da nossa próxima experiência na carne. Nesse trabalho, conscientizamo-nos dos pontos fracos que precisam ser burilados e, normalmente, concordamos em não mais falir.

Sabemos, também, que a sexualidade mal orientada tem sido, ao longo dos séculos, motivo de queda para inúmeros espíritos.

Por isso, ver as menininhas reproduzindo atitudes eróticas e provocantes chamou a minha atenção. Percebi que aquele cenário poderia estar se constituindo um gatilho capaz de acionar recordações pretéritas daqueles espíritos, ora vivendo a quadra infantil. Despertar, assim, a sensualidade em tão tenra idade poderia trazer muitas consequências indesejáveis, sob inúmeros pontos de vista, um pouco mais adiante, como problemas psicológicos, gravidez precoce, DST, entre outras.

Psicologicamente, sabemos que as diferentes fases da infância precisam ser vividas de forma adequada, a fim de garantir um desenvolvimento sadio da personalidade. Acelerar ou queimar etapas pode provocar sérios desequilíbrios emocionais.

A gravidez precoce, fruto de uma vida sexual em idade inapropriada, traz consequências desastrosas, e é hoje um problema mundial de saúde pública.

O uso irresponsável e antecipado da sexualidade pode, ainda, estar correlacionado à evasão escolar; a doenças sexualmente transmissíveis; ao aborto e, até mesmo, à promiscuidade e à prostituição infantil.

Considerando tais consequências, deveríamos ter um olhar mais cuidadoso sobre certos comportamentos infantis que concorrem para o despontar antecipado da sexualidade. Há atitudes que de tão simples e comuns, muitas mães não chegam sequer a perceber que podem se constituir em plugues para a sua eclosão. O uso de maquiagem fora das situações de brincadeiras; roupas muito curtas, justas e adereços semelhantes aos que as moças usam para ir às baladas; provocações do tipo: "quem é o seu namorado?"; exibições para os adultos de danças eróticas com a intenção de fazer gracinha, e tantas outras são comportamentos vistos como naturais. Mas não são.

Energias sexuais são extremamente positivas, mas precisam encontrar sua expressão na hora certa, pois deveríamos vê-las como "a usina dos estímulos espirituais mais intensos para a execução das tarefas que esposamos, em regime de colaboração mútua, visando ao rendimento do progresso e do aperfeiçoamento entre os homens", como nos diz, ainda, Emmanuel.

Na certeza de que os pais desejam, de fato, o melhor para os seus filhos, seria importante que eles entendessem que criança é criança e como tal precisa ser vista. Ante situações como a aqui relatada, caberia aos pais serem mais vigilantes quanto ao conteúdo a que ela tem acesso. Procurar saber, por exemplo, onde ou com quem teriam aprendido aquele comportamento tão fora dos padrões infantis. De igual modo, exercer certo controle sobre os eventos que frequenta, optando por aqueles que privilegiam brincadeiras compatíveis com a sua idade e seu amadurecimento. Tais providências deveriam ser tomadas a bem do seu equilíbrio emocional e espiritual.

Pais e evangelizadores, uma parceria compromissada

MARTINHA, ANGELINA E Erlon frequentavam quinzenalmente nossos encontros de evangelização. A mãe já havia nos explicado que adotara a guarda compartilhada dos filhos com o ex-marido. Sendo espírita e zelando pela educação moral dos pequenos, fazia questão de, no seu dia, levá-los ao centro espírita, permanecendo, ela própria, na instituição, participando dos estudos no Grupo de Pais que ocorria no mesmo horário.

E aquela mãe fazia a diferença quando ia. Suas falas e argumentações enriqueciam as trocas nas rodas de conversa. Também os filhos eram muito participativos. Nos sábados em que estavam presentes faziam a alegria dos colegas e educadores. Certo dia, valendo-me da minha condição de coordenadora do grupo, perguntei-lhe se não haveria possibilidade de solicitar ao pai que trouxesse os meninos no dia em que os filhos estavam com ele. A resposta, em tom de lamento, não deu margem a dúvidas: ele já se negara várias vezes a fazê-lo. E não era por falta de insistência. Erlon, de apenas cinco anos, quase o arrastava em direção ao centro espírita, encontrando sempre resistência.

Durante quase todo o ano, tal situação se manteve inalterada. Por isso, fomos todos apanhados de surpresa quando vimos o menino chegar, trazendo o pai pela mão, acompanhado das irmãzinhas. Olhos brilhantes, sorriso de vitória, como a nos dizer: "Consegui!".

Coube a mim recepcioná-lo, o que fiz com imensa alegria.

Apresentado ao grupo, ele manifestou certo desconforto inicial. Mas como todos ali sabiam da importância daquele momento para a família, não tardou a se mostrar mais à vontade, em função da acolhida recebida. Estimulado a participar, falou da sua experiência de ser um "pai de final de semana", gerando interessantes reflexões.

Dali em diante a situação mudou. Trazia as crianças no seu dia de guarda, participando dos estudos com os pais. E quando um contratempo surgia, não impedia a mãe de levá-las para a evangelização, indo ao encontro delas, mais tarde.

Esse caso me marcou profundamente. Sou uma árdua defensora da implantação de Grupos de Pais nos centros espíritas. A experiência tem comprovado o quão importantes são aqueles momentos em que os genitores ou responsáveis se reúnem objetivando a autoeducação e formação moral dos seus filhos.

Apesar de os modos de atuação não serem padronizados, o que se observa, na maioria das vezes, são os responsáveis pela família discutindo temas educacionais à luz da doutrina espírita e que, aos poucos, vão ampliando a compreensão do seu papel em relação ao adiantamento moral dos espíritos que lhes foram encaminhados por Deus.

Infelizmente, em muitas instituições que oferecem a evangelização espírita infantil, há uma grande quantidade de mães que levam a criança até a porta e vão se dedicar a outros afazeres (elas são a maioria nos grupos de pais). Excetuando-se as que necessitam trabalhar nos horários dos encontros, tal atitude não faz muito sentido. Saber o que é oferecido ali, como é feito o trabalho, como a criança interage com os demais colegas e educadores é o mínimo que se poderia esperar de pais ou responsáveis cuidadosos.

Participar do Grupo de Pais é, ainda, uma maneira de oferecer informações e subsídios sobre a família, que serão levados pelo coordenador aos educadores, visando a uma melhor adequação dos conteúdos aos educandos. Essa atuação conjunta favorece uma melhor percepção dos traços de personalidade e das necessidades de burilamento de cada um daqueles espíritos ali matriculados, passando, no momento, pelo seu estágio infantil.

O motivo alegado por muitos daqueles que voltam da porta é o fato de a família professar outra religião. São atraídos para o centro espírita por questões materiais, como por exemplo, o recebimento de bolsas de alimento. O que talvez não percebam é que, assim agindo, estão prejudicando a criança, que é apresentada, simultaneamente, a duas orientações religiosas, muitas vezes díspares nas suas fundamentações. Podemos imaginar a gama de conflitos cognitivos que surgem em função dessa dualidade.

Creio ser dever do coordenador, esclarecer em que consiste a tarefa da evangelização espírita, chamando a atenção para os malefícios dessa prática tão equivocada, de levar os filhos ora aqui, ora ali.

Portanto, para preservar a saúde mental e espiritual da criança, entendo que o problema deve ser encarado com extrema lucidez. Quem leva uma criança até as portas do centro espírita deveria ser o primeiro a transpô-la, participando ativamente e de forma coletiva, do trabalho em prol da infância que ali é feito. Quem assim procede, aceitando o convite de compartilhar com os filhos esses momentos de enriquecimento pessoal percebe quantos benefícios resultam desses encontros. São frutos abençoados cuja colheita se espalhará por toda a vida. Evangelização infantojuvenil entrelaçada com o Grupo de Pais é uma bênção para o lar. Além de todas as experiências enriquecedoras hauridas no centro, não se pode menosprezar o amparo espiritual que é dado a todos que se encontram sob o seu teto. Conhecedores dessa realidade, não há como se recusar a esse banquete de luz.

TEMAS DE AMOR E FÉ

PARTE 3

A emoção incontida
do menino Tyler

ESTAMOS EM PLENA era da globalização. Vivemos em rede e, por vezes, um momento captado por uma câmera e que, no passado não muito distante, seria visto somente pelos membros da família e amigos, ultrapassa fronteiras e chega aos quatro cantos do mundo. Tal é o caso de um vídeo em que um pai leva o filhinho de dois anos para assistir a um recital. Ao piano, sua irmã toca *Sonata ao Luar*, de Beethoven. É, ao que parece, uma apresentação intimista, numa pequena sala. Tyler, o menininho, está sentado no colo do seu pai e ouve atento a doce melodia. E, à medida que os acordes se sucedem, deixando no ar o som daquela música tão tocante, ele vai se emocionando até não conseguir mais conter o choro. Lágrimas sentidas escorrem pela sua face rosada. O peito segue ofegante. O pai, dando conta da sua reação, enxuga os seus olhos suavemente. A música continua e, até o seu final, a criança, enternecida, a acompanha externando profunda emoção, tentando segurar as lágrimas.

O que se passou no interior daquela alma não sabemos. Fica patente, porém, tratar-se de alguém muito sensível que se deixa contagiar pela emoção despertada pela música.

Sabemos que nas esferas mais elevadas do mundo espiritual a música transcende a tudo o que conhecemos. Há relatos de cores que se transformam em sons e que, ao se juntarem com fluidos, pensamentos e sentimentos, como assegura, por exemplo, Léon Denis em *O espiritismo na arte*, formam

> (...) uma sinfonia sublime, à qual respondem os longínquos acordes vindos das esferas, dos inúmeros astros que povoam a imensidão. Então, do alto descem outros acordes, ainda mais possantes, e um hino universal faz estremecerem céus e terras. À percepção desses acordes o espírito se dilata e se regozija.

O que mais chama a nossa atenção no registro de Denis é o que ele diz, ao completar seu pensamento: "o espírito se sente viver na comunhão divina e entra num encantamento que chega ao êxtase".

Vendo o estado emotivo daquele pequeno ser há tão pouco tempo reencarnado, ocorre-nos pensar que talvez já tenha experienciado algo semelhante no mundo maior. Seriam reminiscências a fazer vibrar as fibras do seu espírito imortal? Estaria aquela música, especificamente, trazendo de volta ao seu coração recordações preciosas? Difícil saber. Allan Kardec, no livro *A Gênese*, cap. XVIII, fala-nos dos espíritos que, ao reencarnarem, estariam aptos, por sua elevação moral, a ajudar nosso planeta a progredir. A geração nova – diz ele – "não se comporá exclusivamente de espíritos eminentemente superiores, mas dos que, já tendo progredido, se acham predispostos a assimilar todas as ideias progressistas e aptos a secundar o movimento de regeneração".

Tenho muito cuidado em garantir que essa ou aquela criança faz parte da nova geração, mas Tyler, ao que parece, se enquadra nesse caso, pois dificilmente um espírito manifestaria emoções tão delicadas, sem ter percorrido muitos degraus na escala evolutiva.

Hoje, ele é uma criança dando seus primeiros passos na nova caminhada. Veio em uma hora de grande transformação social, momento de imensos desafios para todos, em especial para a família.

Adultos preocupados em presentear suas crianças com muitos brinquedos em datas festivas, talvez nem suspeitem que, para alguns espíritos, isso não seja o essencial. Almas sensíveis e mais evoluídas provavelmente se sentiriam mais felizes se tivessem suas necessidades espirituais atendidas, como desfrutar de passeios junto à natureza, brincar com seus animais de estimação, participar com a família de jogos ou brincadeiras coletivas, assistir a uma apresentação musical, passar umas horas sossegadas ouvindo a mãe ou o pai contar-lhes histórias, ou algo assim.

Nós, a população adulta da sociedade atual, deveríamos estar mais atentos a esses companheiros que agora renascem, imaginando que entre eles podem estar alguns que trazem tarefas nobres, ligadas ao progresso planetário. Nosso compromisso é ajudá-los a cumprir aquilo a que se propuseram na presente encarnação. Confiando em Deus e certos de que Ele confia em nós, façamos, como pais, a nossa parte, alimentando a alma da nossa criança com bens imperecíveis.

A portadora da paz

HISTÓRIAS COM FINAL feliz são sempre bem-vindas. Essa me foi contada pela minha amiga Maria e diz respeito a uma família constituída por uma mãe divorciada e suas duas filhas.

A mais nova, de 26 anos, há muito tempo não falava com a mãe. Uma relação conflituosa começara na infância e foi se agravando até culminar em um rompimento entre ambas. Brigas constantes, falta de respeito, agressões, tornaram insuportável a convivência, levando a jovem a se afastar, em definitivo, do lar materno.

Nos primeiros anos, uma forte hostilidade revelava a predominância do rancor e da mágoa de parte a parte. Nenhuma das duas admitia a possibilidade de uma reconciliação.

Quando essa estranha situação já se arrastava por quase cinco anos, surgiu um anjo bom, na pessoa de Maria – uma amiga da família – e tudo se modificou.

Espírita, e pautando a sua vida pelo evangelho de Jesus, ela testemunhara, aflita, todo o caso, desde o início. Secretamente, alimentava um forte desejo de auxiliar. Nos anos anteriores, tentara, em vão, a reaproximação de mãe e filha. À simples menção do nome de uma delas para a outra, provocava uma onda de ira, reacendendo emoções que aquelas almas insistiam em manter vivas.

Mas Deus fala na voz do tempo. Na última visita que Maria fez à amiga, ao perguntar pela filha, encontrou um coração completamente modificado. Com lágrimas nos olhos, falou da saudade que invadia seu peito, reafirmando o amor que sentia por sua caçula. Lembrou-se de que, em breve, estaria completando cinco anos desde que ela fora embora.

Ao sair dali minha amiga fez, imediatamente, um contato telefônico com a jovem. Relatou o que ouvira da mãe. Evocando as palavras do Pai Nosso, falou do esquecimento das ofensas e do perdão. Insistiu para que pusesse um fim àquela situação. A jovem, que sempre contra-argumentava, dessa vez se calara.

A esperança encheu de brilho o olhar de Maria. Sabia que era hora de entrar em cena. Não demorou muito e a mãe recebia uma mensagem que dizia: "dê uma chance a sua filha. Ela está receptiva".

Três dias depois, o reencontro se dá, para a felicidade de todos. Mãe e filha se entendem e, reconhecidas, agradecem à amiga que promoveu o abençoa-do desfecho.

Tal como a minha amiga, todos nós, que nos dize-mos seguidores de Jesus, deveríamos ser promotores da paz, sempre que possível. Com um olhar atento e um franco desejo de colaborar, podemos operar verda-deiros prodígios, ajudando nosso próximo. Para isso é necessário que saiamos do nosso comodismo e elabo-remos meios e modos de agir. As brechas sempre apa-recerão se deixarmos de lado a opinião que o problema do outro não nos diz respeito.

Acreditamos que o tempo é capaz de diluir mágoas e ressentimentos, sobretudo se, anteriormente, o amor se fez presente. Então, em casos como o aqui relatado, ao se aguçar a percepção do que vai no íntimo de cada um dos envolvidos, ao se verificar quanto sofrimento guarda um coração que pede trégua, a intuição dirá que chegou a hora do perdão. Com sensibilidade, mui-ta fé e firme vontade de cooperar com o bem, podemos e devemos, na condição de seguidores e servidores do amado Mestre, fazer todo o possível para reaproximar nossos irmãos que já se cansaram da luta e que anseiam pela paz.

Não há alegria maior do que se saber portador da harmonia em um lar outrora dividido.

Dificilmente a origem dos conflitos familiares se en-contra em apenas um dos lados ou surge de repente. Na maioria das vezes, nascem de questões mal resol-vidas, de problemas não superados ou, até mesmo, de relacionamentos infelizes em vidas passadas. Como consequência, ergue-se um muro entre os envolvidos que, apesar de alto, não é intransponível.

Conhecemos inúmeros relatos de pessoas que, depois de arrastarem desavenças por um longo tempo, sonham em restabelecer a boa convivência, mas não sabem como fazê-lo. Falta-lhes a figura de um conciliador. Em situações como essas, não seria o caso de assumirmos esse papel tal como fez minha amiga Maria?

Pensemos nisso. Provavelmente descobriremos caminhos que nos indicarão como agir. O amor tem uma força irresistível! E, quando promovemos o bem, nunca estamos espiritualmente sozinhos. Bons amigos nos dão a força e a coragem para a boa ação. Tentemos!

Há anjos que velam por nós

O DIA MAL começa e as diferentes mídias que acessamos inundam nossas mentes com noticiários assustadores e deprimentes. Há uma onda de pessimismo que vai se espalhando e, se não nos cuidarmos, acaba por nos contagiar. Assim encharcados, deixamos que a psicosfera espiritual ao nosso redor, seja no lar, na escola, no trabalho, vá se tornando pesada.

Muitas vezes fraquejamos quando, a esse quadro externo, vêm se somar as nossas dores físicas e morais. Angustiados e temerosos prosseguimos, cultivando pensamentos negativos, medos e aflições. Nessas horas, mais do que nunca, deveríamos manter viva a chama da fé.

É nesse refúgio que vamos ganhar forças para enfrentar todas as dificuldades. Quantas vezes marchamos esquecidos de que somos filhos de Deus, o Pai de amor que nos criou para alcançar a perfeição e a felicidade. Com imenso amor colocou junto a cada um de nós um anjo guardião, esse amigo paternal que nos orienta nas sendas da vida, nos consola das aflições e nos ampara nos momentos de dor.

Como é bom saber disto! Como nos conforta!

Das inúmeras menções existentes na obra kardequiana a essa figura angelical que vela por nós, destacamos a que é relatada no livro *O Céu e o Inferno,* capítulo VIII, ao abordar as expiações terrestres. Estamos falando do caso de Clara Rivier, uma garota de dez anos, pertencente a uma família de lavradores, num vilarejo francês. A partir dos seis anos fora acometida por uma doença que a fez sofrer terrivelmente, levando-a à desencarnação. Mesmo diante da dor, jamais reclamava, mantendo-se calma. Pouco depois do seu passamento, mediante uma comunicação mediúnica, ela forneceu esclarecimentos muito interessantes acerca da sua profunda resignação – uma atitude incomum na infância.

Ao ser questionada sobre o motivo que a fez enfrentar com tanta galhardia seu padecimento, ela respondeu: "porque o sofrimento físico era controlado por um poder maior, o do meu anjo guardião, que eu via continuamente perto de mim; ele sabia aliviar tudo o que eu sentia; ele tornava minha vontade mais forte do que a dor".

A menina era médium e essa condição favorecia o estreitamento dos laços que mantinha com aquele espírito protetor. Poucos minutos antes da sua morte, ela avisou aos pais que estaria partindo e a explicação que deu, posteriormente, é que havia sido avisada por aquele espírito que, segundo expusera, nunca a abandonara.

A fala de Clara, além de trazer consolo aos que passam por grandes tribulações, oferece ao leitor uma lição prática da aplicação da lei de causa e efeito. É ela mesma quem elucida que todo o seu martírio teve origem em uma vida passada:

> Eu tinha faltas anteriores a expiar; tinha abusado da saúde e da posição brilhante de que gozava na minha encarnação anterior; então Deus disse-me: 'Gozaste grandemente, desmesuradamente, sofrerás igualmente; eras orgulhosa, serás humilde; eras orgulhosa de tua beleza e serás aniquilada; em vez da vaidade, esforçar-te-ás por adquirir caridade e bondade'. Fiz de acordo com a vontade de Deus, e meu anjo guardião ajudou-me.

Uma vez mais ela deixa patente o papel zeloso do guia espiritual ao seu lado, conferindo-lhe forças para vencer os desafios impostos pela necessidade de superar suas próprias inferioridades. Ao afirmar que se submeteu à vontade de Deus, ela nos instrui sobre a importância de aceitarmos os desígnios divinos e fazermos a nossa parte. O protetor ajuda, mas não toma as rédeas em suas mãos e nos coloca a reboque. Não carrega as pedras que temos que levar. Não nos poupa de passar por aquilo que nos ajudará a redimir nossos erros do passado.

Mas o amparo especial que temos não termina aí. Sabemos que há outros amigos queridos que nos acompanham, intuindo-nos para a ação no bem. São os espíritos protetores, que podem ser de parentes ou amigos, desta e de outras vidas. Para que não tenhamos dúvidas em solicitar-lhes seu amparo, em *O Livro dos Espíritos*, questão 495, São Luís e Santo Agostinho afirmaram: "Não temais fatigar-nos com as vossas perguntas. Ao contrário, ficai sempre em contato conosco, pois assim sereis mais fortes e mais felizes.", demonstrando que estão sempre prontos a nos valer.

Portanto, oremos mais. Aumentemos nossa fé no poder maior e nas providências que Ele toma em nosso favor. E, na condição de pais ou responsáveis, lembremo-nos também de semear o sentimento de religiosidade no coração das crianças.

Se contamos com tanta proteção espiritual, como não lhes repassar esse ensinamento? Como deixá-las ter a sensação de que se encontram desamparadas diante das ameaças da vida quando, ao contrário, esses seres enviados por Deus para estar ao nosso lado durante toda a jornada terrena não nos abandonam?

Quem ensina a criança a orar desde cedo, fazendo-a entender que Deus, Jesus e os protetores são amigos queridos ao seu coração, cria barreiras vibracionais poderosas, capazes de lhe transmitir confiança diante das asperezas da vida. E nós não temos o direito de lhe subtrair essa alegria.

O que torna
uma vida feliz

O QUE FAZ alguém ser feliz na vida? Seriam coisas como o dinheiro, a fama, o prestígio e o poder? O que nos mantém saudáveis por longos anos? Buscar resposta para essas e outras questões foi o principal objetivo de uma pesquisa iniciada há aproximadamente 80 anos, e ainda em andamento, sobre o desenvolvimento humano (*Study of Adult Development*). Nela, pesquisadores da Universidade de Harvard acompanharam a vida de cerca de 700 pessoas, sendo uma parte constituída por estudantes da própria universidade e outra de crianças que viviam em bairros pobres de Boston. A pesquisa – hoje sob a direção do seu quarto diretor, Robert J. Waldinger, psiquiatra americano e professor da Harvard Medical School – seguiu essas pessoas durante toda a vida, monitorando seu estado mental, físico e emocional. A esse grupo original veio se somar outros, contando, em 2018, com cerca de mil participantes, incluindo mulheres (no início eram todos homens).

Os pesquisadores coletaram ininterruptamente dados dessas pessoas, ao longo de suas existências, abrangendo questões relativas a vários aspectos: vida familiar, trabalho, lazer, estados de saúde, entre outros. Muitos se formaram e atuaram em profissões liberais. Outros trabalharam em profissões mais braçais, como pedreiros e operários. Alguns se tornaram alcoólatras, tiveram carreiras decepcionantes ou sofreram doenças mentais e depressão.

Aqueles jovens e crianças envelheceram. Os que ainda estão vivos já têm cerca de noventa anos de idade.

Agora, depois de tantas décadas, o estudo pôde encontrar respostas àquelas perguntas. As incontáveis análises de dados assinalaram que o fator que mais concorreu para que aqueles pesquisados se mantivessem felizes e saudáveis ao longo da vida foi a qualidade dos seus relacionamentos. A pesquisa mostrou que as pessoas mais satisfeitas nos seus relacionamentos, mais conectadas com o outro, permaneceram com o corpo e o cérebro saudáveis por mais tempo.

Ficou patente, também, que o que torna uma vida feliz é a segurança que se tem nas relações pessoais, algo que permite a cada um ser ele próprio, sem máscaras ou medos. E isso funciona com familiares, amigos e com a comunidade, mas principalmente com o parceiro. O estudo comprovou que os que tinham relações mais estreitas estavam protegidos contra doenças crônicas e mentais, ainda que tivessem experimentado altos e baixos na vida.

Esses resultados se tornaram mundialmente conhecidos por meio de uma conferência TED, do Dr. Waldinger.[6]

"A solidão mata!" – é o alerta que ele nos faz. Indagado sobre as recomendações que daria às pessoas que buscam a felicidade, respondeu:

> As possibilidades são infinitas, algo tão simples como substituir o tempo que passamos diante de uma tela pelo tempo para viver juntos, ou reavivar um relacionamento monótono, realizando uma atividade em comum, como fazer caminhadas ou sair para passear.

Dentre os inúmeros conselhos que o diretor do estudo faz, destacamos: "Entre em contato com o familiar com quem você mal fala, porque as disputas familiares que são tão comuns geralmente afetam aqueles que estão ressentidos". São palavras de um psiquiatra, mas que já vêm ecoando ao longo dos séculos quando, de forma bem parecida, foram proferidas por Jesus ao nos recomendar reconciliação com o adversário.

---

6. TED: "Do que é feita uma vida boa? Lições do mais longo estudo sobre felicidade."

Em resumo, aprendemos que são os nossos afetos, nossos bons relacionamentos que tornam a vida mais feliz e não a posse do dinheiro, ou a fama e o poder. Ter amigos nos quais possamos confiar; saber que, haja o que houver, eles estarão ao nosso lado quando precisarmos, nos protege das doenças e garante o nosso bem-estar.

Amizades começam na convivência do dia a dia e tendem a se consolidar transformando-se em sentimentos de amor e fraternidade. A voz do Mestre ainda ecoa nos nossos corações ao dizer que "Os meus discípulos serão conhecidos por muito se amarem", João 13:35.

Tantos, contudo, passam a vida em busca dos valores amoedados que lhes garantam bem-estar material, ignorando que o verdadeiro tesouro está na relação com o próximo. Quantos filhos sofrem a ausência dos pais que, preocupados em lhes garantir um futuro melhor, lhes roubam as horas de convívio ameno e carinhoso, esquecidos da exortação do Mestre amado: "Não ajunteis tesouros na Terra, [...] Mas ajuntai tesouros no céu,", Mateus 6:19-20.

Este é, sem dúvida, um conhecimento que deveríamos levar para as nossas vidas, colocando-o em prática, enquanto há tempo.

O poder da fé

PESSOAS QUE ORAM tendem a ter menos problemas de saúde, afirmam os entendidos. De fato, há tempos que estudos científicos vêm apontando que o cultivo da espiritualidade está fortemente associado ao bem-estar físico e psicológico dos indivíduos.

Confirmando essa tendência, foi publicada em 2018 uma investigação liderada por dois professores da Escola de Saúde Pública da Universidade de Harvard: Ying Chen e Tyler VanderWeele.[7] Trata-se de uma pesquisa que vem atraindo a atenção de pessoas de dife-

7. CHEN, Ying & VANDERWEELE, Tyler J. Associations of Religious Upbringing With Subsequent Health and Well-Being From Adolescence to Young Adulthood: An Outcome-Wide Analysis. *American Journal of Epidemiology*, Vol. 187,n. 11, nov. 2018, p. 2355–2364.

rentes segmentos religiosos pela seriedade com que foi conduzida e pelas conclusões a que chegou.

Esse estudo acompanhou mais de sete mil jovens durante 14 anos, analisando vários aspectos ligados à saúde física, mental e comportamental. A pesquisa começou em 1999 quando eles tinham, em média, 15 anos. Foram submetidos a testes em várias ocasiões: quando estavam com 23 anos, depois com 26 e finalmente, com 29 anos. Nessas testagens, diversas perguntas eram feitas em relação àquelas condições. Como fio condutor, havia duas perguntas básicas: *"Você frequenta algum ofício religioso?"* e *"Você ora ou medita?"*. Para cada pergunta eles teriam que assinalar uma das três respostas. Na primeira: *nunca; menos de uma vez por semana; pelo menos uma vez por semana*. E na segunda: *nunca; menos de uma vez por dia; pelo menos uma vez por dia*.

Os resultados a que chegaram foram interessantíssimos. Ficou claro que os que compareciam pelo menos uma vez por semana a um ofício religioso e oravam ou meditavam todos os dias eram bem diferentes dos demais, criados com hábitos espirituais menos regulares.

Os participantes que mantinham permanentemente acesa a religiosidade tiveram ganhos extraordinários desde o final da adolescência até se tornarem adultos de quase 30 anos, o que não ocorreu com os demais.

Frequentar pelo menos uma vez por semana e orar ou meditar diariamente foi associado a uma ampla gama de bem-estar psicológico, como maior satisfação com a vida e com as relações afetivas, autoestima elevada e maior controle das emoções. Também a uma maior fortaleza de caráter, dedicação a trabalhos voluntários, um alto senso de missão e – um dado dos mais importantes – facilidade de perdoar as faltas alheias.

Do ponto de vista da saúde física, foi observado um menor número de problemas orgânicos, o mesmo ocorrendo com a saúde mental, que mostrou índices baixos de depressão e ansiedade. Ganhos altamente significativos também foram notados no campo do comportamento, com menor ocorrência de tabagismo e de abuso de drogas, menor número de parceiros sexuais ao longo da vida e de iniciação sexual precoce. Poucos foram os que relataram histórias de doenças sexualmente transmissíveis. Outro resultado que se destacou entre os demais foi a ocorrência de um número muito reduzido de gravidez precoce.

Em suma, participar de práticas espirituais durante a infância e adolescência se mostrou como forte fator de proteção a situações de risco físico, mental e comportamental de adolescentes e adultos jovens.

Diante dos resultados obtidos, um dos pesquisadores, o dr. VanderWeele, foi taxativo ao assegurar que para aqueles adolescentes que já possuem crenças religiosas, incentivar a frequência a práticas próprias da sua religião e manter o hábito de orar podem ser meios significativos de proteção contra muitos perigos da fase em que estão.

A lição que se depreende dessa pesquisa é que seria muito bom se começássemos desde cedo a levar nossas crianças para frequentar os locais onde praticamos a nossa religião e as ensinássemos a orar diariamente, a exemplo de muitos pais que assim procedem ao colocá-las para dormir.

Aliás, H. Pestalozzi, há quase duzentos anos (1826) já apontava que

> (...) uma criança, que, desde a tenra idade foi habituada a orar todos os dias, com fervor e recolhimento; a pesar suas más palavras e os atos menos corretos que fez ao longo do dia, procurando se esforçar para corrigi-los, está se preparando antecipadamente para o que se tornará no mundo; será uma pessoa bem educada.[8]

Hoje, o movimento espírita está em franca ampliação e na esteira desse caminhar expansionista estamos vendo crescer o número de crianças e jovens que frequentam semanalmente os encontros de evangelização nas nossas instituições, dentro e fora do Brasil. Além disso, nos redutos domésticos, um número expressivo de pais está conduzindo seus filhos para participar do culto do evangelho no lar – um momento propício para lhes ensinar a orar. Que assim seja, pelo bem-estar ge-

---

8. PESTALOZZI, J. H. *Le chant du cygne*. Paris: Éditions Fabert, 2009, p. 127, com tradução livre da autora.
Vale lembrar que Hyppolyte Léon Denisard Rivail, o Allan Kardec, foi aluno de Heinrich Pestalozzi, o eminente educador suíço, no Instituto de Yverdon.

ral daqueles que se encontram, ainda, nas fases iniciais da vida.

Penso que também os festejos de Natal, sempre tão aguardados pelas crianças, sejam janelas de oportunidade que, se bem exploradas, podem ajudá-las no despontar da sua religiosidade. O ato tradicional de se armar o presépio oferece um excelente ensejo de se conversar com os pequenos acerca do significado da data. No aconchego do lar, as narrativas sobre o nascimento do menino Jesus são meios capazes de despertar suas emoções e de introduzir as primeiras noções de espiritualidade em suas mentes. Em verdade, narrativas como essa podem lançar sementes do sagrado até mesmo naqueles que, independentemente da idade, vivem apartados da religiosidade.

Considerando os benefícios que se espalharão ao longo da vida, é extremamente válida a preocupação de se aproveitar toda e qualquer oportunidade para se trabalhar noções sobre o sentido da vida, nossa filiação divina, bem como temas que possam fazer nascer o sentimento religioso no coração das nossas crianças desde cedo. Isso é algo que podemos e devemos praticar.

VALORES IMPERECÍVEIS

PARTE 4

A importância do cultivo da honestidade

SOMOS SERES HUMANOS tentando acertar os passos rumo ao Mais Alto. Se a caminhada é mais fácil para aqueles que vão se burilando moralmente por intermédio de muitas encarnações, para aqueles outros que ainda se encontram na retaguarda ela pode se apresentar ainda plena de obstáculos.

A convicção que temos, de que cada um de nós se encontra em um patamar evolutivo, nos leva a compreender o momento atual por que passa a nossa pátria, onde tantos erros, tantos atos indecorosos são praticados por figuras públicas que deveriam servir de modelo para a população. Desvio de verbas; troca de favores com fins escusos; corrupção em todos os níveis e lugares; manobras inconfessáveis para a manutenção do poder são alguns dos piores exemplos do que vem acontecendo. Infelizmente, tudo isso ainda é resquício dos estágios mais atrasados por que passamos e que, certamente, um dia serão superados. Nosso destino é a luz!

Mesmo entendendo, há um problema que não podemos ignorar: diante de tanto desvio moral, que lição estamos oferecendo às nossas crianças e jovens? Como ficam suas mentes?

Sabemos que no desenvolvimento cognitivo há uma fase em que a criança elabora seus esquemas mentais e organiza o seu pensamento a partir do que vê, ouve, observa e vivencia.

Expostas, como estão, às notícias veiculadas, exaustivamente, nas diversas mídias, notadamente nas televisivas, muitas delas acabam vendo cenas e ouvindo comentários depreciativos feitos pelos adultos que serão facilmente captados e armazenados em seus cérebros. A questão é saber como as processam. Qual o valor que lhes atribuem? Qual a leitura de mundo que vão elaborando diante do que veem e ouvem?

Os exemplos apresentados são de largo espectro e retratam desde casos em que condenados por atos ilícitos estão cumprindo penas, a situações duvidosas nas quais – ao que parece – a justiça deixou de ser feita: liberdade indevida ou impunidade para faltosos.

Se a criança, até aproximadamente dez, onze anos, costuma construir seus raciocínios a partir do que capta ao seu redor, é motivo de preocupação a banalização de ocorrências como as que citamos, pois não sabemos que prejuízos podem estar causando nas mentes ainda em formação.

Pensamos no quanto deve ser difícil para um pai ou uma mãe exigir atitudes e comportamentos corretos dos seus filhos, diante desses fatos. Imaginamos cenas corriqueiras, como aquela em que um irmão pega, sem consentimento do outro, um brinquedo, o danifica e, com medo de ser apanhado, coloca-o no devido lugar. Quando indagado a respeito, nega veemente o malfeito. Ou aquela outra, em que uma criança, descobrindo um jeito de retirar moedas de um cofrinho de alguém, o faz escondido, negando, também, sua autoria quando apanhado em flagrante. Como convencer o filho faltoso do seu erro? Como incutir-lhe a ideia da honestidade?

É lugar comum ver acusados se negando a assumir seus erros quando apanhados cometendo delitos. Contestam, simplesmente, a autoria, sem maiores explicações, como fazem muitas crianças. Elas, no entanto, assim respondem como uma forma imatura de defesa, sobretudo se ainda se encontram nos primeiros anos de vida. Mas, à medida que crescem, vão aprendendo a assumir as responsabilidades pelos seus atos, desde que bem orientadas nesse sentido.

Para imprimir na criança as ideias de retidão de caráter os pais se valem, em geral, dos exemplos da vida prática, e nesse caso, as vivências do cotidiano falam mais alto. Narrativas familiares, histórias edificantes pinçadas aqui e ali são os fios que vão tecendo o arcabouço da moralidade, juntamente com a correção do ato equivocado.

Por isso afirmamos que, diante de tantos atos censuráveis, há que se ter cuidados redobrados com as novas gerações que estão expostas a esses cenários desalentadores.

Conforme nos explica Allan Kardec, cada ser que reencarna é um espírito milenar em busca do autoaperfeiçoamento, com um passado de erros e acertos. Cada nova experiência terrena é uma oportunidade de avançar oferecida pelo Criador. E para tal, o faz renascer com uma aparência de inocência em um corpo frágil. Extremamente dependente, carece de zelos e cuidados daqueles que o trouxeram ao mundo ou dos seus substitutos. Esses, dificilmente saberão quem é esse espírito que lhe foi enviado. Essa alma tanto pode abrigar um ser evoluído, um amigo que veio para ajudar, como um espírito malévolo, com paixões e inclinações negativas. Dizem os benfeitores espirituais, na questão 385, de *O Livro dos Espíritos* que a "fragilidade dos primeiros anos os torna brandos, acessíveis aos conselhos da experiência e dos que devam fazê-los progredir. É quando se pode reformar o seu caráter e reprimir seus maus pendores".

Confrontando a necessidade que cada pai e cada mãe tem de contribuir para o avanço moral dos espíritos que lhes foram confiados, com os quadros que viemos descrevendo, percebemos o quão árdua se torna a tarefa de educá-los dentro dos padrões morais trazidos pelo Mestre Jesus. Somente com uma profunda convicção do seu papel junto a esses espíritos é que tais genitores conseguirão cumpri-lo, encaminhando-os para a senda do bem, orientando os seus passos diante dos problemas da vida. Um processo exigente, é verdade, mas que se torna menos penoso quando os pais são, eles próprios, pessoas decentes e honradas.

O violino devolvido

USAR AS REDES sociais para interagir com inúmeras pessoas, opinar, discutir, criticar, aprender, ponderar e realizar outras ações já faz parte do cotidiano de milhões de pessoas. A vida já não é mais a mesma. O advento das redes provocou mudanças radicais na sociedade contemporânea. Nossas preferências nos levam a acessar o que ela pode oferecer de melhor: ricas interações afetivas, boas notícias, histórias edificantes, músicas que elevam, palestras instrutivas, diversão saudável, conteúdos enriquecedores, bons cursos, e muito mais. Tudo isso nos ajuda a manter uma sintonia espiritual agradável.

É evidente, porém, que o universo cibernético não está povoado somente por coisas positivas. Espaço aberto e neutro, aceita tudo. Cabe a nós, os usuários, selecionarmos o que é bom e repelir o que não nos torna criaturas melhores.

Para os apreciadores de noticiário negativo, há um desfile de dados que leva a crer que só existe maldade no mundo.

Apesar de tendências em contrário, somos de opinião que a maioria de nós é formada por gente honesta e confiável. Necessitamos urgentemente acreditar nisso, buscando modelos no nosso cotidiano.

Bons exemplos não faltam, como o do episódio envolvendo um maestro e um taxista, no Rio de Janeiro.[9] Numa corrida da Gávea para o Centro, o músico Mateus Araújo acabou esquecendo o seu violino no banco do táxi. Era a última viagem do dia para o motorista, razão pela qual somente percebeu o fato na manhã seguinte. O violinista, no entanto, ficou arrasado com a perda: o instrumento era um companheiro de uma vida inteira. Contava 14 anos quando o ganhou de sua mãe. Confiando nos bons sentimentos das pessoas, fez uma postagem numa rede social na qual declarava estar atualmente trabalhando no projeto Ação Social pela Música no Brasil, regendo a Orquestra Sinfônica Jovem do Rio de Janeiro. Dizia: "Para mim, o violino é fundamental porque além de reger a orquestra, dou aulas e toco com os meninos. É o meu instrumento de trabalho".

Em poucas horas sua mensagem alcançou milhares

---

9. O fato foi relatado em *O Globo*, 07/08/17.

de compartilhamentos, acompanhados de comentários positivos e alentadores.

Por seu lado, o motorista fez o que estava ao seu alcance: no dia seguinte, retornou ao ponto em que havia deixado o instrumentista e, após uma investigação, ficou sabendo haver ali a Escola Nacional de Música. Com esperança de poder devolver o violino ao dono, fez o possível para se informar. Ficou muito frustrado quando percebeu que seus esforços foram em vão.

Mas sua própria família também havia se envolvido nessa ação. Sua filha leu o apelo do maestro e, juntando as duas pontas, conseguiu promover o final feliz, mediante um encontro na rua A gratidão do maestro foi além das palavras. Emocionado ao receber de volta o seu violino, ali mesmo, tocou para um pequeno público que aplaudia o seu som e o gesto daquele profissional tão honesto.

Você agiria dessa forma? E o seu filho, faria o mesmo? E a maioria dos seus colegas de trabalho? Imaginamos que a resposta seja um contundente "sim".

Foi uma multidão de pessoas que compartilhou e vibrou com a notícia da recuperação do instrumento. Possivelmente a maioria de nós é como aquele taxista.

Na minha experiência como educadora, tenho visto inúmeros exemplos de crianças que já começam a colocar em prática os ensinamentos de Jesus, registrado por Mateus (5:37): "Seja, porém, a vossa palavra sim, sim; não, não."; e (7:12) "Faça aos outros tudo aquilo que gostaria que os outros fizessem a você". São aquelas que buscam aprender o valor da verdade e estão sendo educadas para agir de forma ética nas suas relações com o outro, tal como o homem que encontrou o violino.

Aprendemos com Kardec que grande parte dos espíritos traz tendências e inclinações negativas, mas que são passíveis de serem transformados pela ação firme e decidida dos responsáveis por sua educação moral – os pais ou substitutos eventuais. Santo Agostinho, por sua vez, alerta-nos, em *O Evangelho segundo o Espiritismo*, que a cada pai e a cada mãe Deus perguntará o que foi feito do filho que lhe foi entregue. E, acrescentando uma palavra de estímulo, afirma que todos serão fartamente recompensados se conseguirem aproximar de Deus aquelas almas.

Este é o desafio. Pais amorosos e zelosos com suas obrigações saberão, certamente, vencê-lo.

Tolerância e respeito

TOLERÂNCIA RELIGIOSA. APRENDI o significado dessa expressão antes mesmo de tê-la ouvido pela primeira vez. A lição veio da prática, com a minha mãe. Embora ela fosse neta e filha de espíritas e o meu pai fosse filho de uma católica praticante, a diferença de credos religiosos nunca foi obstáculo para uma convivência familiar harmoniosa. Ao contrário, a compreensão profunda do evangelho de Jesus a fez atender ao pedido da sogra para que os netos fossem batizados e frequentassem, mais tarde, as celebrações da Igreja de Roma. É bom esclarecer que, para a minha avó, definir-se como católica fazia parte do seu ser, pois que, no Líbano, seu país de origem, a identidade pessoal é profundamente marcada pela religião que se tem.

Os comentários sutis de minha mãe sobre o sentido da vida, pautados no espiritismo, fizeram com que alguns de nós adotássemos os postulados dessa doutrina, embora outros continuassem católicos. Seus exemplos, porém, de verdadeira cristã, mantiveram profundamente arraigados em nós a tolerância religiosa.

Tendo essa formação, confesso minha dificuldade em entender como, em pleno século 21, ainda encontramos tantos episódios que demonstram desrespeito pela opção confessional de alguém. Lamentável é saber que se tratam, muitas vezes, de fatos ocorridos em instâncias que deveriam ser as guardiãs da liberdade de credo, como as escolas públicas.

Notícia veiculada na imprensa, com repercussão nas redes sociais, dão conta de que a 5ª Câmara de Direito Público, do Tribunal de Justiça de São Paulo, condenou, por unanimidade, o governo, ao pagamento de oito mil reais por danos morais causados a uma aluna, adepta do candomblé, que se viu forçada a rezar na escola.

Cursando o 3º ano do ensino fundamental, ela havia se recusado a acompanhar as orações coletivas que, diariamente, eram proferidas em sala de aula. Além de humilhá-la e discriminá-la diante de toda a turma, a professora ainda a fez anotar versículos da Bíblia – o livro que nos é tão caro – como castigo. A família entrou na justiça contra a escola e ganhou a causa. "A escola pública não deve obrigar que crianças permaneçam em ambientes religiosos com os quais não se identificam ou compactuam", registrou a magistrada encarregada do caso, na sua decisão.[10]

Hoje, com a grande penetração das mídias sociais, notadamente o *Facebook*, não é difícil encontrarmos exemplos de adultos expressando sentimentos de ódio contra adeptos de determinadas vertentes religiosas. Não faz muito tempo, vimos um conhecido pai de família postando comentários muito desairosos sobre o Dalai Lama. E, por ironia, a mensagem contestada falava exatamente da necessidade de vivermos juntos como irmãos e irmãs. Nela, o líder religioso reafirmava ser esse o único caminho para a paz, a compaixão e a coexistência pacífica. Qualquer outra forma de pensar, a seu ver, seria míope, estreita e desatualizada. De fato, estreiteza de pensamento e dureza de sentimento era o que aquele pai devia estar refletindo para os seus filhos.

Penso naquela menina de oito ou nove anos, passando por uma experiência traumatizante e desnecessária. Penso também nos seus colegas de escola e no mal que toda essa situação provavelmente lhes causou. Considerando a autoridade da professora, é de se imaginar que devem ter lhe dado razão. Acreditaram, talvez, na supremacia de uma religião sobre outra e julgaram ser a adesão ao candomblé algo pecaminoso, uma vez que foi passível de punição. Pobres crianças à mercê dos desatinos dos adultos!

---

10. O grupo Geledés, voltado para a consciência negra, deu ampla publicidade ao caso. Ver referências eletrônicas.

Um ponto positivo que se pode extrair dessa história é a firme convicção da aluna ao se manter irredutível diante de uma exigência descabida. Louvável sua atitude que, certamente, fora forjada no seio da família que a introduziu, desde tão pequena, na cultura do candomblé, mostrando-o como uma religião com valores próprios, na qual se cultuam o respeito às divindades e aos homens.

Impossível não fazer uma analogia com o pensamento de Kardec quando, em 1862, visitando famílias do interior da França que haviam se tornado espíritas há menos de seis anos, encontrou crianças cujos pais já estavam preocupados em lhes passar os ensinamentos recém-aprendidos. Pode-se imaginar o desafio que isso deve ter lhes causado, pois o povo francês, naquela ocasião, era predominantemente católico.

Nesses dias de tanta polarização, mais do que nunca, precisamos levantar a bandeira da educação para a paz, para a aceitação das diferenças, e, em especial, para a tolerância religiosa. E não nos faltam argumentos, dentro dos próprios ensinamentos evangélicos, para tal. As memoráveis passagens que revelam como o Cristo tratou aqueles que traziam as marcas de outros credos são os maiores exemplos. Como sempre, a sua fala e a sua ação se constituem em farol para as nossas vidas. Sejamos, pois, mais tolerantes e compreensivos.

Igualdade e paz

HÁ UM VÍDEO que viralizou na internet mostrando dois sorridentes meninos de seis anos abraçados: um negro, de cabelos pretos e outro branco, de cabelos louros. Ambos se mostram com a cabeça quase raspada. É que eles acharam que cortando bem rente os cabelos iriam enganar a professora, que ficaria com dificuldade em distinguir um do outro.

Essa talvez seja uma das imagens mais preciosas publicadas nos últimos tempos sobre igualdade. A criança não tem preconceito. Ela o adquire em contato com o adulto.

Embora tenhamos hoje uma maior conscientização de que todos somos pessoas dignas de respeito, ainda encontramos alguns comportamentos xenofóbicos que nos alertam para a necessidade de abordar o assunto, na tentativa de ser mais uma voz a rechaçá-los. Em alguns momentos temos a sensação de que eles recrudescem.

Tal é o caso de uma manifestação ocorrida na praia de Copacabana há algum tempo. Tudo começou quando um grupo de radicais atacou e agrediu um refugiado sírio que ali vendia comidas árabes. Uma reação imediata de apoio ao estrangeiro se alastrou pelas redes sociais, redundando em uma intensa procura por sua barraca e seus quitutes, no dia seguinte. Em revide, um pequeno grupo de fiéis de um determinado segmento religioso, liderado por um dos seus representantes, saiu às ruas empunhando cartazes em que se lia: "Muçulmanos: assassinos, sequestradores, estupradores". Seguiam, vestidos de preto, sob o aplauso de uns e o repúdio de outros.

Era a face do extremismo e da intolerância religiosa se revelando ante aos olhos de todos. Casos assim vão imediatamente parar nas redes sociais, provocando reações prós e contra. É lamentável ver que agressões verbais, falta de respeito, ofensas e palavrões abundam nesse território cada vez que alguém levanta uma bandeira a favor da diversidade e da igualdade.

Como educadora espírita, situações como essas me remetem à responsabilidade que temos junto às crianças na formação de atitudes de respeito a toda e qualquer pessoa, independentemente de qualquer traço que a diferencie da maioria. Diria mais: é nosso dever levá-las a vivenciar a real fraternidade desde os anos iniciais da vida. Nunca será demais ensinar e praticar o "amai-vos uns aos outros", entendendo que, aos olhos de Deus, somos todos irmãos. A igualdade e a liberdade de consciência e de crença – valores inalienáveis – são direitos garantidos pela Constituição Brasileira em vigor. Saber respeitá-los é tarefa que se nos impõe em prol da convivência pacífica e do respeito ao próximo.

Nossas crianças nos observam o tempo inteiro. Pensando nisso, estejamos atentos ao que falamos, às ideias que defendemos, cuidando para que sejam sempre a expressão dos nossos sentimentos de fraternidade, respeito e tolerância.

Sendo de uma família originária do Líbano, gosto de relembrar um episódio ocorrido comigo quando de uma visita àquela terra acolhedora. Um dos meus primos – católico maronita – era professor primário em uma escola pública situada em um bairro de maioria muçulmana. Conversando com ele, desejei obter detalhes do seu relacionamento com os alunos que professavam essa religião. Parecendo não entender bem o que eu perguntava (falávamos em francês), me disse apenas que dava tratamento igual a todos. Ante a minha insistência em conhecer um pouco mais sobre a sua forma de lidar com os muçulmanos, me respondeu, um tanto irritado: "O que você imagina? Que sejam diferentes? Pois saiba que são todos libaneses. São todos cidadãos da nossa pátria!", deixando-me envergonhada. E continuou me explicando que naquele país havia três importantes grupos religiosos: muçulmanos, cristãos e drusos, estes em minoria, e que todos os seus alunos mereciam dele o mesmo cuidado e dedicação. Contou-me da união que reinou entre todos os libaneses nos anos de guerra em que o país se vira envolto pouco tempo antes. Mostrou-me, enfim, ser um autêntico seguidor de Jesus.

A fraternidade e o amor ao próximo, calcados no preceito da igualdade, mais do que simples palavras, constituíam a base das suas crenças e se manifestavam no seu ofício de educador. Ele, de fato, vivia o "fazer ao próximo tudo aquilo que desejaria que lhe fosse feito."

Aquela foi, de fato, uma bela lição aprendida, que trato de repassar sempre que possível, na certeza de confirmar o eterno valor da tolerância e da paz.

Investir no
ser humano

DESDE O ANO de 1997, Divaldo Franco, o querido médium, tribuno e educador espírita tem estado à frente do Movimento Você e a Paz – um projeto da Mansão do Caminho (Salvador/Bahia) que vem arrastando multidões de diferentes credos para festejar esse valor tão almejado: a paz. Em todos eles sua palavra vigorosa clama: "Nunca necessitamos tanto de paz, a sociedade tem fome de justiça, de bondade, de amor".[11]

De fato, todos a desejamos ardentemente como contraponto à violência e ao medo que nos rodeiam. Somos diariamente bombardeados por notícias sobre atos violentos. A morte gratuita, sem outro motivo senão o ódio e o preconceito, estampada nas manchetes

11. Mansão do Caminho. www.mansaodocaminho.com.br

dos jornais, trazendo-nos indignação, parece ter entrado no rol das trivialidades.

A respeito desse tema, a doutora em filosofia e escritora Viviane Mosé publicou, em 2018, o artigo "Vivemos a exaustão humana"[12], no qual expõe toda sua perplexidade com essa banalização da violência contra pessoas inofensivas. O seu ponto de partida foi o assassinato de uma simpática e pacífica moradora de rua, ocorrido em Copacabana. Seus autores foram um estudante de medicina, de 24 anos e um lutador de MMA, de 37 anos, ambos de classe média. Em um vídeo divulgado pela internet, era possível ver com que desprezo e naturalidade praticaram o ato covarde contra uma pessoa que nada lhes fizera. Foi morta simplesmente porque era moradora de rua. Nada mais.

Na sua análise, Mosé ressalta a disseminação do ódio: "o fato é que as pessoas estão odiando a si mesmas e ao próximo. O período é muito difícil". E prossegue seus comentários até concluir que é urgente que se invista no ser humano.

Esse é o ponto! Precisamos investir no ser humano, formar seu caráter, despertar seus bons sentimentos, envolvê-lo em um clima de amorosidade e respeito pelo próximo, oferecendo-lhe uma educação pautada em valores nobres, desde a mais tenra idade.

Não há mais tempo a perder. Temos hoje um mode-

---

12. Encontra-se na revista eletrônica *Prosa, Verso e Arte*. https://goo.gl/R1eAuw

lo de sociedade que se mostra falida e incapaz de atender às necessidades morais daqueles que anseiam por
um mundo melhor, mais digno e mais justo. E carece-
mos de um modelo que o substitua. Ainda não cons-
truímos uma sociedade capaz de atender a esses ideais.

Essa construção, contudo, depende de nós. Somos
a geração adulta que está encarnada na hora presente.
Fazer a nossa parte significa atuar sempre de forma ética, buscando andar por estradas retas e, sobretudo, nos
comprometendo a ser bons exemplos para as novas gerações. Apesar das imperfeições que ainda trazemos, é
chegada a hora de elevarmos nosso padrão vibratório,
entrando em comunhão com os benfeitores espirituais
que zelam pelo progresso moral do nosso planeta.

Mais do que nunca, precisamos deixar que os ecos
da mensagem do Monte, proferida pelo Cristo, pene-
trem em nossa alma, despertando-nos para as necessidades da hora presente: bem-aventurados os mansos,
os pacificadores, os misericordiosos... Notamos, todavia, o quanto nos tem sido desafiador ser os portadores
da mansidão, da paz e da misericórdia.

Ainda que, na prática, nos encontremos muitas vezes
afastados da paz interior, resta-nos sempre o concurso
da oração, da boa sintonia e da confiança em Deus. Somos Suas criaturas e deveríamos guardar a certeza de
que Ele é Pai amoroso e justo. Suas leis agem a nosso
favor, uma vez que estamos fadados à perfeição.

Assim, diante dessas tragédias que as mídias nos
apresentam diariamente, tenhamos sempre acesa a

chama da esperança, lembrando-nos de que, até mesmo a noite mais tormentosa, tem seu fim com o despertar da aurora.

Guardemos, pois, a fé no futuro melhor. Enquanto isso, continuemos trabalhando para espantar as trevas noturnas. Cultivemos a paz, amando e servindo ao bem. Sejamos nós os arautos das boas notícias e das histórias edificantes. Cuidemos da geração que chega!

Educando nossas crianças sob o farol do evangelho de Jesus, alcançaremos, sem dúvida, as claridades de um novo tempo. Confiemos nos guias espirituais que afiançaram a Kardec, conforme registrado no capítulo XVI de *A Gênese*, que caberá à geração nova "fundar a era do progresso moral". É ele quem confirma que ela se distinguirá pela precocidade da inteligência e da razão, bem como do sentimento inato do bem e das crenças espiritualistas, traços que denotam certo grau de adiantamento anterior.

E, apesar de ainda se verificar tantos atos de desrespeito ao ser humano, já despontam entre nós, inúmeros espíritos que retornam trazendo muitas dessas características assinaladas pelo codificador, que acrescenta que eles estão propensos a ajudar o progresso moral da Terra, pelas ideias e sentimentos mais avançados que já conquistaram.

Indubitavelmente, é um alento pensarmos que muitas dessas crianças já estão entre nós, nos acenando com dias melhores.

Compaixão

ESTAMOS VENDO CHEGAR o final de mais uma década em nosso calendário. Período marcado por profundas mudanças nas mais diferentes áreas – relações sociais, conhecimento, economia, política, costumes, dentre outras –, seus impactos vêm afetando o nosso modo de ver o mundo e de nos comportarmos diante das pessoas e dos fatos.

No Brasil, em particular, esses efeitos vêm se manifestando, de forma expressiva, no campo jurídico, com medidas que buscam pôr fim à ideia de que os chamados "crimes de colarinho branco" não são passíveis de punição. As denúncias e consequentes prisões de um elevado número de figuras públicas de alto escalão são, provavelmente, o retrato mais visível dessa transformação, que tem seu âmbito de prevalência no campo político.

E, em meio aos noticiários que chegam pelas mais diversas mídias, nossas emoções e sentimentos vão sendo colocados à prova. A toda hora, o desejo que muitos nutrem de se tornar uma pessoa mais comprometida com o evangelho de Jesus é confrontado com situações que suscitam ódio e desprezo por aqueles homens públicos apanhados em falta. Sem que se deem conta, acabam comungando os mesmos pensamentos e julgamentos negativos dos seus pares, diante de irmãos nossos que fraquejaram no exercício do poder. De forma irrefletida aplaudem a cena, mil vezes reprisada, do infortunado que, traindo a confiança, nele depositada pelo voto popular, é conduzido ao cárcere.

A maioria de nós, entretanto, guarda um firme propósito de evoluir espiritualmente. Conhecemos o mandamento que nos conclama a amar o nosso próximo como a nós mesmos. Igualmente, o que nos ensina a fazer ao outro tudo quanto gostaríamos que fosse feito conosco. Sabemos de cor o preceito que nos diz para não julgarmos e nem condenarmos ninguém para que não sejamos julgados ou condenados. Mesmo assim, resvalamos em julgamentos, comentários depreciativos e, por vezes, até mesmo em desejos de vingança, incompatíveis com o que aprendemos nas lições do evangelho.

A literatura espírita é pródiga em exemplos que nos fazem refletir sobre essa temática. Focalizamos, para a nossa ponderação, um breve conto trazido pelo espírito Meimei, no livro *Deus aguarda*, intitulado "Deus é amor". A cena se passa no mundo espiritual, quando um jovem desencarnado é levado a julgamento por ter matado a própria mãe a fim de furtar-lhe as joias. O mentor que o acompanha tem dificuldades em proceder aos encaminhamentos exigidos pelo caso, pois numerosos espíritos, que também foram vítimas de seus malfeitos, lançavam impropérios, aos gritos, condenando-o.

Quando ia buscar auxílio junto a benfeitores de esferas mais elevadas, viu adentrar no salão uma mulher de aspecto muito simples, mas que trazia um halo luminoso ao seu redor. Vinha em socorro daquele desventurado. Em sua fala, ela revela quanto amor, alegrias, sonhos e esperanças aquele jovem havia proporcionado a certa mulher. O mentor contesta, informando que, mesmo assim, ele teria que passar por uma prova difícil, retornando à Terra em corpo disforme. E as palavras daquele espírito nobre, que ecoaram no recinto, repercutem, ainda, na nossa mente, como uma lição para os dias atuais. "Compreendo que a justiça deve exercer-se em auxílio de todos nós", diz ela, acrescentando que, "apesar de tudo, tal mulher o auxiliaria e o acompanharia, onde quer que fosse". Mas o inesperado aconteceu: antes que os acusadores se dessem conta do que se passava, erguendo a cabeça, proclamou que a mulher a quem se referia era ela própria, a mãe assassinada pelo réu.

Há, nessa lição, dois aspectos a merecer nossa atenção: a vítima, usando do amor e da compaixão, absolve seu algoz e promete ajudá-lo incondicionalmente. No entanto, não se esquece de registrar que a justiça deve ser feita, apesar de tudo.

Se, em um exercício de reflexão, pensarmos na forma como nos conduzimos em nossas vidas pregressas, considerando o estado de barbárie pelo qual passou a humanidade em tempos recuados, e na imensidão de chances que a Providência Divina nos ofereceu para podermos hoje comungar os ideais cristãos, só nos cabe dizer: que a justiça seja feita em relação a todos os acusados que estão sendo alvo de processos criminais, guardando-nos, porém, de qualquer outro sentimento que não seja o da compaixão. Todos nós, em maior ou menor grau, trazemos conosco cargas de tribulações, erros a corrigir e provas a enfrentar, carecendo da compreensão alheia e, principalmente, da misericórdia de Deus.

Lembremo-nos, sobretudo, que as crianças e jovens que agora nos observam e nos copiam serão os adultos a repetir nossos atos. E pensemos no quanto eles terão a lucrar, se conseguirmos ser bons modelos, exemplificando o entendimento e a compaixão para com todos aqueles que, equivocados, caem nas armadilhas da ambição, comprometendo-se ante a justiça dos homens e de Deus!

POR UM
MUNDO MELHOR

PARTE 5

Zelar pela
paz da criança

TENHO REGISTRADO NESSAS páginas o profundo anseio que temos pela paz, ainda que nem sempre consigamos alcançá-la. Muitos há, no entanto, que ainda não se sensibilizaram para a urgência em estabelecê-la como meta de vida.

Falta-lhes, muitas vezes, a disciplina do sentimento, a perseverança no caminho do bem e a convicção de que a paz é mandamento divino. Sem essas forças, é sempre mais difícil a concretização de ações pautadas no amar e servir, em conformidade com os preceitos do evangelho do Cristo Jesus.

Sabemos todos que a paz que desejamos no mundo começa em nós. Esse saber, todavia, não ultrapassa o campo da razão, na maior parte das vezes. Estacionados, não transitamos da razão para o sentimento. Ao contrário, ante os embates da vida, deixamos de lado o coração, esquecendo-nos dos ditames da paz.

No nosso cotidiano, vemos, com frequência, pessoas que reagem agressivamente a qualquer provocação, perdendo o controle diante de situações que consideram erradas, trocando o equilíbrio pela perturbação, o bom-senso pelo raciocínio precipitado, a calma pela irritação. No lugar das palavras de compreensão, usam o insulto, as ofensas e os gestos de ódio. Com certa frequência, sabemos de casos de pessoas que perderam a vida por atos impensados, ou a liberdade por alguns segundos de insensatez.

Quantos de nós buscamos a felicidade nas sensações, nos prazeres fáceis, sem nos darmos conta de que ela reside na harmonia interior, no coração apaziguado, nos bons relacionamentos.

Como pais, preocupamo-nos, em demasia, em tornar felizes os nossos filhos, esquecendo-nos, muitas vezes, de lhes preparar para o encontro com a paz no refúgio da alma.

Sempre que surge uma oportunidade, me ponho a observar as brincadeiras que atraem as crianças desse nosso mundo tecnológico. Vejo meninos com seus aparelhos jogando videogames sozinhos ou com parceiros, assistindo suas séries favoritas, ou – hoje em dia com menos frequência – seus programas na TV. Basta uma pequena conferida nos conteúdos daquilo que os hipnotizam, para nos darmos conta de que muitos deles contêm um alto grau de violência e agressão.

Em investigação recente[13], pesquisadores americanos analisaram resultados de 24 estudos, realizados entre 2010 e 2017, nos quais se mediam a associação entre videogames violentos e agressividade. Ao todo, foram 17.000 participantes de nove a 19 anos de idade. Esse estudo foi considerado da maior importância, pois havia no meio científico uma discussão se esse tipo de jogo aumentava ou não a agressividade. Algumas pesquisas sustentavam que sim, outras negavam tal correlação.

O resultado da análise desses 24 estudos foi contundente, pois ficou confirmado que quanto mais tempo os meninos e jovens são expostos a videogames violentos, maior a probabilidade de eles terem comportamentos, pensamentos e sentimentos agressivos. Além disso, também ficou evidenciado que quanto maior o tempo despendido em jogos violentos, menor é a sensibilização para agressão. Isto é, os que vivem o tempo todo jogando tais videogames passam a considerar natural a dor e o infortúnio alheios. Outro dado encontrado foi que esse aumento nas horas de jogo também está associado a uma diminuição no sentimento de empatia. Significa dizer que, para o jogador contumaz, torna-se difícil se colocar no lugar do outro para saber o que ele estaria sentindo.

---

13. A equipe da pesquisa foi liderada pelo professor americano Jay Hull. O artigo que a relata foi assinado por Amy Olson, e encontra-se publicado na revista eletrônica Dartmouth New, de 2/10/2018: *Analysis links violents video games to increased agression.*

É incrível a veracidade desses resultados na prática.

Vi outro dia três meninos, na faixa entre seis e nove anos, intercalando a atividade virtual (vídeos na TV com temas violentos) com o mundo real. As paradas que faziam, funcionavam como um exercício prático do que acabavam de assistir: repetiam as mesmas lutas, faziam reféns, perseguiam e matavam como no mundo virtual. Tudo isso usando as mesmas falas e entonações dos personagens que os excitaram há poucos minutos. Antes, de manhã cedo, os que já estavam acordados, haviam levado um bom tempo com o *tablet* ou o *smartphone* do pai, se distraindo com videogames do mesmo tipo.

Em outros momentos, os vi montando os brinquedos que acabaram de ganhar: o Stars War (Guerra nas Estrelas), com suas naves, armas de destruição, guerreiros e heróis. Curiosa, sentei-me ao lado e comecei a observar: uns eram do bem; outros do mal. Esses, porém, se disfarçavam, atuando como justiceiros, para poder melhor atacar e destruir seus adversários. Novamente aqui, as falas se assemelhavam aos vídeos e filmes. E o mais grave: ao passar por ali outro menino de fora do grupo, que havia se interessado pelos brinquedos, o menor deles reagiu dando-lhe um soco no rosto à sua simples aproximação. Agressão gratuita, revelando o quanto já introjetara esse padrão de comportamento.

Gerações anteriores sempre brincaram de bandido e mocinho e cultivaram seus super-heróis – os paladinos do bem, em luta constante contra o mal. Hoje, no entanto, o que, como educadora observo, é uma superexposição da criança a situações que estimulam a belicosidade. A indústria de entretenimento infantil – aí incluídos brinquedos, vídeos, filmes e jogos – está permanentemente oferecendo novos e variados artigos voltados para a guerra, em detrimento da paz. Porque conhece bem o psiquismo infantil, manipula desejos, oferecendo às crianças uma gama inimaginável de produtos que as farão permanecer fascinadas por esse universo.

Não há dúvida de que, por trás de tudo isso há um adulto que fornece esses "objetos do desejo" para as crianças, esquecido do seu papel de orientador, e que se deixa envolver acriticamente pelo *marketing* que o induz à aquisição de tais mercadorias.

Mas se almejamos a implantação da paz no mundo, deveríamos ter como divisa o pensamento do Mestre Jesus, o arauto da paz, quando proclama: "Bem-aventurados os pacificadores porque serão chamados filhos de Deus" (Mateus 5:9). Pacifiquemos, pois, a nós próprios em primeiro lugar, para que possamos ser, para nossas crianças, o espelho onde elas verão refletidos a nossa essência e o nosso exemplo. Troquemos os estímulos à violência por aqueles que induzem à cooperação, à solidariedade e à construção de um mundo melhor, marcado pelo amor. Façamos a nossa parte, tranquilizando a vida em torno de nós, confiantes de que estamos formando os futuros pacificadores do amanhã.

Conviver na diversidade

HÁ MUITO, A mãe desejava encontrar condições propícias para levar seu filho para brincar em um parquinho próximo. Apresentando um grau elevado de autismo, o menino de 6 anos, com diagnóstico tardio, não pudera ter uma educação que lhe permitisse executar as tarefas do dia a dia de forma independente, até o ano anterior. Mas agora já ensaiava, com sucesso, os primeiros comportamentos automatizados em forma de condicionamentos. Em uma bonita manhã de sol, ela o levou a um parquinho próximo, na esperança de poder lhe oferecer momentos de alegria, desfrutando dos muitos brinquedos. Para sua decepção, as crianças e suas babás que ali estavam, à medida que foram percebendo se tratar de uma criança diferente, se retiraram, uma após outra. Sozinha, sentindo a rejeição de perto, não conseguiu conter as lágrimas e a tristeza de ver que ainda há muita gente que não aprendeu a aceitar a diversidade.

Conforme já abordamos anteriormente, ainda há um grande contingente de pessoas que permanecem preconceituosas, embora já se observe uma tendência à mudança. Novos ventos estão soprando, particularmente de outras nações, frutos de esforços e dedicação de irmãos nossos que lutam em prol da aceitação das diferenças. São os porta-vozes de minorias que não são ouvidas. Movimentos laicos e religiosos se unem nessa cruzada que nós, espíritas, também temos o dever de abraçar.

Somos cientes de que, como cristãos, temos que respeitar nossos irmãos que diferem de nós, seja em que característica for, pois sabemos que somos todos filhos do mesmo Pai.

Há, nas páginas do evangelho, inúmeras narrativas nas quais Jesus demonstra como deveríamos nos comportar diante daquele que não se assemelha a nós. Além daquelas em que fica explícito o seu acolhimento – Levi, um publicano; Maria Madalena, considerada uma cortesã; Zaqueu, um cobrador de impostos para o romano dominador; os samaritanos, inimigos políticos do povo hebreu; os pobres e marginalizados –, há ainda aquelas nas quais ele é explícito em condenar os discípulos que tentavam apartar dele pessoas que, nos seus julgamentos, eram indignas de amor e atenção. "Não as impeçais!", é a expressão que ele usa quando tentam afastar as mães que traziam criancinhas para que ele as abençoasse. Também é a mesma expressão usada quando se encontrava reunido com os seus discípulos, em Cafarnaum, e João vem lhe contar que impedira um homem de expulsar os demônios em seu nome, pelo único motivo de não ser alguém do seu grupo (Marcos 9:38-40). Até mesmo à mulher cananeia, cultuadora de Baal, ele estende a mão (Mateus 15:28).

Em todos esses casos, a atitude do Mestre ainda reverbera em nossas mentes como um libelo a favor da aceitação do outro.

A rejeição, expressa em variados graus – da segregação à exclusão – é aprendida pela criança desde os primeiros anos, mediante observação. Ela repete o que vê e a vida é pródiga de exemplos nesse sentido.

É nossa incumbência, como alguém comprometido com sua educação moral, esclarecê-la, dando-lhe meios para combater esse sentimento tão pernicioso. O conhecimento é, possivelmente, o melhor deles.

Saber que todos nascemos e renascemos em diferentes circunstâncias físicas, biológicas, mentais, sociais, econômicas, intelectuais, pode se constituir em um excelente modo de fazer ver à criança que aquilo que ela rejeita no outro pode ser o que a caracterizava em vidas passadas. Que o traço que despreza no outro hoje, pode vir a ser a sua marca em uma vida futura.

Ou seja, ainda que viva em determinado grupo socioeconômico ou cultural, que seja neurotípico e tenha os padrões físicos semelhantes aos da maioria da população, a ideia de que todas as possibilidades estão em jogo, se forem consideradas suas vidas passadas ou futuras, deveria fazer a criança e o jovem refletir sobre o significado da aceitação, adotando uma postura de acolhimento das diferenças. Se bem trabalhado, esse sentimento deverá crescer e desabrochar como o de uma real fraternidade. No dizer de Allan Kardec, "do sentimento de fraternidade nasce o da reciprocidade e dos deveres sociais, de homem a homem, de povo a povo", na *Revista Espírita*, out/1866. Nesse processo de amadurecimento espiritual, estaremos dando a nossa parte para fazer da Terra um mundo melhor.

Outra possibilidade de ajuda é passar para a criança a ideia da nossa filiação divina. Se fomos criados pelo mesmo Pai e sabedores que Ele ama a todos os Seus filhos indistintamente, não faz o menor sentido segregar, excluir ou perseguir alguém, seja por que motivo for.

A criança e o jovem que oram a Deus, que têm familiaridade com a figura de Jesus, que estudam o espiritismo, têm mais facilidade em entender essas considerações. Kardec, por exemplo, oferece oportuna demonstração de valorização da fraternidade ao anotar:

> Muitas vezes em meu salão o príncipe se assenta ao lado do operário. Se se sentir humilhado, dir-lhe-ei simplesmente que não é digno de ser espírita. Mas sinto-me feliz em dizer que eu os vi, muitas vezes apertarem-se as mãos fraternalmente.
>
> *Viagem espírita em 1862, p. 42.*

Trabalhando o sentimento de aceitação do diferente, chegaremos, com certeza, à real fraternidade que fará com que ninguém mais se retire de um lugar pela simples presença de alguém que dele difere, como o episódio ocorrido com aquela criança com autismo.

O jovem que
desconstrói o racismo

O RACISMO É uma atitude estúpida do ser humano. É como se ele tivesse decidido parar de evoluir." Quem assim se expressa é Gustavo Gomes da Silva, um menino de 11 anos, à época, em uma entrevista para uma emissora de televisão. Sua fala bem articulada e a lógica dos seus argumentos contra o racismo ganharam destaque nas plataformas digitais, geraram outras entrevistas e culminaram com um importante laurel: o Prêmio Cidadão São Paulo de 2015, na categoria "Criança que faz a diferença". Nos registros de diferentes *sites* e vídeos, sobressaem as referências emocionadas de todos que o ouviram. Também fiquei impressionada com a maturidade demonstrada por Gustavo nessas mídias. Um espírito evoluído e equilibrado, sem dúvida.

Na escola, fora vítima de *bullying* desde pequeno, sem nunca ter compreendido os motivos que levavam seus colegas a menosprezá-lo. Mas foi também no ambiente escolar que conheceu as lendas e contos africanos que, nas suas palavras, lhe ensinaram a ser "humilde, forte e a respeitar os outros, assim, como a gente deve ser".[14]

É curioso destacar que suas explicações são objetivas e tocam pontos cruciais. Fala, por exemplo, da interdependência que deve existir na sociedade e da importância de se mostrar para o mundo que todos precisamos uns dos outros. E, diante de qualquer pessoa preconceituosa, esclarece que gosta de aprender cada vez mais, "não para debater com ela, mas mostrar como que é ser negro e, então, tentar fazê-la compreender como você se vê". Aos seus olhos, somos todos iguais e merecedores de respeito.

Mas há, nas suas falas, duas passagens que me fazem relembrar Kardec, quando, acerca da nova geração, assegura, conforme já abordei anteriormente, que terá um sentimento inato do bem e demonstra ter desenvolvimento precoce da razão.[15]

Uma delas é quando o jovem diz:

> Você saber pedir, saber respeitar não é ser
> fraco. Ser fraco é você não pedir, não respeitar,

---

14. O vídeo vale a pena ser visto no site do Geledés: https://www.geledes.org.br/gustavo-gomes-da-silva-10-anos-fruto-do-orgulho-racial-e-da-luta-contra-a-intolerancia/

15. *A Gênese*, cap. XVIII, item 28.

não ajudar para não parecer fraco. Isso é ser fraco. Nunca é bom ser arrogante com as pessoas, nunca é bom tentar debater com a pessoa para deixá-la no chão. Você tem que fazer a pessoa ver o seu ponto de vista.

Isso é fantástico! Debater ideias, sem humilhar a quem quer que seja e nunca ser arrogante, tentar fazer com que o contendor compreenda o seu ponto de vista, não são entendimentos próprios de quem mal havia saído da infância.

E a outra fala que revela o quanto veio preparado para colaborar com a melhoria da nossa sociedade é exatamente quando ele diz que quem é racista decidiu parar de evoluir.

Aprendemos com o espiritismo que a reencarnação visa o progresso intelecto-moral do ser humano. São as novas aprendizagens que nos impulsionam a avançar. Ideias errôneas são ultrapassadas, dando lugar a novas concepções. Crenças e valores podem, no entanto, se manter estagnados, dificultando o referido progresso.

Na linha de argumentação do jovenzinho, percebe-se esse raciocínio quando afirma que o mundo mudou, a tecnologia faz seus avanços em todas as áreas do saber, a ciência comprova que fisicamente somos todos iguais, exceção feita à cor da pele e de alguns traços externos. Então, não reconhecer a igualdade entre os homens é, não somente uma atitude à qual ele classifica de "estúpida", mas uma decisão de não evoluir. Perfeita a conclusão!

Como espírita, temos um argumento a mais, baseado na pluralidade das existências. Se para a nossa caminhada espiritual necessitamos renascer em diferentes condições físicas, socioeconômicas e culturais, viver em corpos com as mais diferentes características físicas é a regra. O negro pobre de hoje pode ter sido o branco rico de ontem. Ou, quem sabe, mulher oriental, índia pele-vermelha, esquimó, chefe asteca... Enfim, pode ter nascido em qualquer outra situação. Assim sendo, nada justifica o preconceito. Somos todos filhos do mesmo Pai e, como tal, dignos de ser respeitados. Todos. Indistintamente.

De onde tirou aquelas ideias tão avançadas o nosso personagem? Teria sido somente dos contos e lendas africanas? Não o sabemos. O fato é que nós, adultos do século XXI, nos surpreendemos ao verificar que espíritos da geração nova estão chegando, trazendo uma bagagem de valores que nos fazem repensar o nosso cotidiano. Estão mesmo, ao que parece, aptos a secundar o movimento regenerador da Terra, como assegura o codificador.

Eles, com uma percepção diferenciada da realidade em que vivemos e com sentimentos tão nobres, sacodem nossas crenças e nos convidam a mudar, a elevar nosso padrão vibratório, ajudando, dessa forma, a melhorar a psicosfera do nosso planeta.

"Isso é coisa de menina... ou não!"

EM BUSCA DE entender por que tantos homens e rapazes encabeçam as estatísticas de violência e suicídio, venho encontrando artigos em publicações científicas e na mídia, em geral, que analisam o tema de uma forma extremamente variada. Em um ponto, porém, parece haver concordância: a forma como se educam os meninos.

Renascer em um gênero ou no outro, segundo aprendemos no espiritismo, depende do tipo de experiência que o espírito necessita passar a fim de ajudá-lo a ascender rumo à perfeição, destino final de todos nós.

Dependendo das condições onde se renasce – a cultura, o tipo de família, as crenças, costumes, tradições, o contexto socioeconômico, visão de mundo – podemos ter um modelo de masculinidade, que ainda pode ser afetado pelas experiências vividas pelo ser em reencarnações pregressas.

Termos como masculinidade tóxica vêm sendo usados para designar comportamentos violentos e abusivos de homens, e está, em geral, associado a características como força, poder e dominação, presentes nas relações com outras pessoas – homens ou mulheres – tidas como mais fracas, com as quais eles brigam, ofendem, humilham e maltratam. É tóxico porque costuma fazer mal, tanto ao outro, como a si mesmo, uma vez que os padrões de masculinidade exigidos por esse modelo implicam em conter, negar ou esconder as próprias emoções; a não externar fragilidade; e a não pedir ajuda, nem mesmo quando a saúde mental dá mostras de estar comprometida.

Como ocorre na maioria dos aspectos da personalidade que se consolidam na maturidade, a maneira como educamos o menino desempenha um papel crucial na forma como ele irá desenvolver e manter o seu padrão de masculinidade. E essa não precisa ser tóxica. Muito ao contrário. Pode ser uma masculinidade que, mesmo mantendo características físicas, como a força e a energia, se revela em uma infinidade de traços e comportamentos que nada têm de doentio ou abusivo.

Frases como "menino não chora", "isso é coisa de menina", "bateu, levou", "seja homem", ou insinuações como "e as namoradinhas?", proferidas, muitas vezes, de forma natural, deveriam ser evitadas. Vindas de pessoas consideradas significantes pelos meninos, têm o poder de moldar a sua personalidade, levando-os a incorporá-las como verdades que irão se exteriorizar mais adiante.

Garotos que brigam e se agridem sob os olhos indiferentes de homens que nada fazem para apartá-los, crescem convictos de que é dessa forma que devem atuar diante dos enfretamentos, na vida. Meninos que testemunham atitudes machistas e desrespeitosas dos homens do seu entorno, em relação à mulher, estão propensos a considerá-las naturais, replicando-as, mais tarde.

Nosso papel de educadores exige que, percebendo as consequências negativas de tais frases e comportamentos, façamos o possível para eliminá-los da vida dos nossos meninos, incentivando-os, ao contrário, a externar suas dores e sofrimentos, sem se sentir envergonhados ou diminuídos se as lágrimas brotarem dos seus olhos. Na certeza de que estamos agindo em prol do seu bem, ofereçamo-lhes nossos conselhos no sentido de evitar revides, a tratar a todos com educação e gentileza, a não se envolver com meninas – às vezes precocemente – apenas para provar que é homem.

Por maior e mais difícil que seja esse desafio, vale a pena tentar superá-lo a fim de que tenhamos uma geração de homens mais solidários, companheiros dos que lhe estão próximos – sejam outros homens ou mulheres –, mais sensíveis e generosos para com todos. Uma geração que estará menos propensa à depressão, se puder vivenciar e expressar os seus medos; falar dos seus anseios e das suas dúvidas existenciais; das suas dores e angústias. Fazendo do respeito ao próximo sua diretriz de ação, terá menos chances de atentar contra a vida alheia ou, a sua própria, pelas portas do suicídio.

Apesar de ainda persistirem modelos equivocados e doentios de masculinidade, constatamos, felizmente, que uma nova visão já se instalou em um número incalculável de lares. Meninos e homens são incentivados a entrar em contato com seus sentimentos e a desenvolver atitudes que os façam agir como pessoas equilibradas e pacíficas. E nós, na condição de pais e educadores temos um papel ativo na construção de uma masculinidade mais saudável e benfazeja.

Continuemos, pois, a fazer a nossa parte, a fim de vermos crescer e se consolidar, em toda parte, uma geração mais consciente de que o gênero não nos distingue enquanto seres trilhando o caminho da evolução espiritual. Só assim viveremos em uma sociedade mais igualitária, mais diversa e mais humana.

VIDAS TRANSFORMANDO VIDAS

PARTE 6

A responsabilidade
é minha

BONS EXEMPLOS PRECISAM ser reconhecidos e aplaudidos. Os que vêm de servidores públicos, mais ainda. Por isso, é importante dar destaque àqueles que fogem à regra. Walda Carvalho é um deles.

Gerente de um posto de atendimento do INSS em uma pequena cidade do interior fluminense, ali trabalha há 35 anos.

Necessitando resolver uma pendência com esse órgão e sendo aquele local o único que oferecia agendamento em data próxima, optei por ir até lá, apesar da grande distância. No caminho, conjecturava sobre o que iria encontrar. Só não imaginava que teria a oportunidade de conhecer uma pessoa admirável, daquelas que fazem a diferença na vida de qualquer um.

Cheguei pouco depois das três da tarde. O setor a que me dirigi estava praticamente vazio. Atendida que fui por um estagiário, ao ouvir, à distância, o meu questionamento, ela me atendeu de pronto, com boa vontade e competência.

A minha situação, que requeria certa pesquisa, ficou a cargo do rapaz. Teria que esperar. Enquanto aguardava, aproximou-se do balcão uma jovem com um profundo ar de desalento. Walda, ao vê-la, iniciou uma conversa. Pela intimidade demonstrada, percebi que devia ser alguém muito conhecido e, de fato, era. A mocinha, de apenas vinte anos, já era mãe de quatro filhos. O marido fora ao posto para tratar de um benefício a que tinha direito. Igualmente jovem, tornara-se paraplégico aos 18 anos e agora, graças às providências tomadas por aquela servidora, conseguira se aposentar por invalidez, fazia fisioterapia e obtivera uma cadeira de rodas. Com uma vida de extrema miséria, aquela família encontrara na gerente um porto seguro.

Interessei-me por conhecer a história do casal. Soube, então, que a gerente havia tomado para si a responsabilidade de cuidar daqueles seres tão desamparados. Providenciou creches e escolas para as crianças; deu-lhes roupas, cobertas e móveis; apoiou-os física e moralmente.

Como se não bastasse, tem um profundo olhar de compreensão para com a jovem. Entende suas carências, seu comportamento por vezes relaxado, outras vezes inconsequente. Com extrema candura, eu a vi dar conselhos e recepcionar o marido, se interessando pelo resultado da sua perícia médica.

Quando os dois se foram – a garota a empurrar a cadeira de rodas –, ela me confidenciou, com a maior naturalidade, que está decidida a ir, em um sábado, ao casebre onde moram para fazer uma faxina e orientá-la quanto à higiene da família e à organização do ambiente.

Diante de tanta grandeza de alma, não resisti à pergunta: o que a levava a agir assim? E a resposta foi simples: trabalhava para Jesus. Era presbiteriana.

Descobrimos afinidades espirituais. E foi ali, naquela pequenina repartição, que conheci o projeto "A responsabilidade é minha", que ela desenvolve na Secretaria de Ação Social da Igreja Presbiteriana do Brasil, órgão de âmbito nacional, do qual ela é a titular.

Amar e servir a Jesus, cuidando dos carentes e necessitados – o principal objetivo do projeto – passou a ser o norte da sua vida. Na bela revista que me oferece (*SAF em Revista*, uma publicação da sua Igreja), passo a conhecer esse projeto que, na verdade, se aplica a todos os cristãos de boa vontade. Por exemplo: desenvolver o espírito de serviço com a prática concreta do amor cristão; incentivar o trabalho de assistência social em presídios, lar de idosos, orfanatos, hospitais, creches etc.; realizar projetos sociais entre a população de baixa renda; promover palestras, cursos e oficinas de apoio à comunidade. Entendo, então, o seu proceder no ambiente de trabalho: o coração pronto a auxiliar a quem precisa, sem esperar nada em troca.

Em casa, lendo seu projeto, encontro passagens que me levam a refletir. "É nossa responsabilidade contribuir, despertando o amor cristão entre nossos irmãos. Por isso precisamos fazer a diferença. Podemos fazer mais, nos envolver mais, cuidar mais, por Jesus." E termina com um apelo ao qual faço coro: "Vamos estender as mãos. No amor de Jesus.".

Nessa ou naquela grei religiosa, seguidores que somos do Cristo de Deus, poderíamos realmente, fazer mais, nos interessar mais e cuidar mais dos nossos irmãos, nesse país tão desigual, onde a fome, a miséria e a escassez moral escancaram as dores dos que sofrem e esperam de nós uma ajuda. Mas, envolvidos com as nossas próprias questões, caminhamos trazendo o discurso evangélico na fala, nos esquecendo, muitas vezes, de concretizá-lo na prática.

Naquele dia, voltei para casa com um profundo sentimento de gratidão ao Mestre Jesus. Sua mão me conduziu até aquele posto e me ensinou, mais uma vez, o que significa ser um servidor seu. A gerente Walda me fez lembrar que, diante da dor do próximo, a responsabilidade é minha de agir para minimizá-la. Que o seu exemplo possa contagiar a todos nós.

Berenice Piana,
mãe-amor

HÁ MUITO EU ansiava por conhecê-la. Por isso, mal pude acreditar quando, em uma feira beneficente, uma amiga me acena dizendo: "Venha aqui! Quero lhe apresentar Berenice Piana".

A visão daquela bela mulher, esguia e de olhar doce e firme, com os braços abertos para me receber, causou-me uma verdadeira emoção. Nome nacionalmente reconhecido e festejado em todo o país por ser aquela mãe que enfrentou todos os obstáculos para aprovar a lei federal que garante os direitos da pessoa com autismo, ali estava, convidando-me para conversar. Sentado em um banco próximo, seu filho Dayan, um jovem de 23 anos, olhava fixamente para um objeto em suas mãos. Ele faz parte de uma estatística que só faz crescer em nível mundial: apresenta-se com autismo.

O Transtorno do Espectro Autista (TEA) ou autismo, como já abordei anteriormente, é um distúrbio do desenvolvimento caracterizado por dificuldades de interação social, problemas de comunicação e por comportamentos repetitivos e restritos. A apresentação destes sintomas varia intensamente entre os que têm essa condição.

Dado à gravidade do problema e o crescimento exponencial do número de crianças diagnosticadas com autismo, o tema da inclusão passou a fazer parte das pautas de reivindicações dos pais de crianças com o TEA, chegando a várias esferas da sociedade, notadamente à escola de educação formal, e mais timidamente às casas espíritas. E Berenice Piana tem um papel fundamental nesse movimento.

Como mãe de uma criança com autismo, pôde sentir o quanto elas eram vítimas de discriminação e preconceito, agravados pela ausência de políticas públicas voltadas para esse segmento por parte dos órgãos governamentais. Esse quadro tão cruel a fez alimentar um sonho: criar uma lei federal que garantisse o direito de todos os que se enquadram no espectro autista em terras brasileiras. Corajosamente, ela enfrentou as mais complexas e desafiadoras barreiras para realizá-lo.

Na sua peregrinação em busca de tratamento para o filho, percebeu que a dor e o desamparo que sentia eram compartilhados por outros pais, o que a levou a constituir uma rede em defesa daqueles direitos. E foi assim que, em 2012, apoiada por seus pares, conseguiu que fosse sancionada a Lei 12.764, que passou a se chamar Lei Berenice Piana em homenagem à sua imensa dedicação.

O projeto aprovado passou a garantir inúmeros direitos às pessoas com autismo, a começar pelo de ter uma vida digna, com integridade física e moral.

Nas conversas que travamos a partir daquele dia, essa mulher extraordinária tem demonstrado o quanto os princípios espíritas sustentam seus ideais e guiam seus passos. Com uma compreensão ampliada do sentido da vida e das leis que fazem com que se aproximem, como pais e filhos, espíritos com problemáticas como a do autismo, encontra forças para levantar a bandeira em defesa daqueles que apresentam esse transtorno.

Como a admiro quando a vejo enfrentar tantas frentes de ação ao mesmo tempo: fazer valer os direitos garantidos pela lei; responder aos inúmeros apelos da mídia, ávida por uma palavra abalizada a respeito do TEA; dirigir a clínica-escola pública para autistas – pioneira no país – em Itaboraí (cidade da Área Metropolitana do Rio de Janeiro); cuidar amorosamente do Dayan e, sobretudo, ser a voz que clama contra a discriminação e preconceito que ainda hoje imperam em grandes segmentos da nossa sociedade.

Essa mãe, que toma para si dores alheias, está sempre pronta para clarear ideias errôneas que muitas pessoas conservam a respeito do autismo. Ignorando o verdadeiro problema que se esconde por trás de comportamentos de crianças nessa condição, muitas delas as tacham de birrentas, mal-educadas e sem limites. Alguns pais ou babás chegam mesmo a impedir seus filhos de se aproximarem daquelas que apresentam o transtorno, deixando-as à margem em diversas situações, como registrei anteriormente. E é para modificar essa visão que Berenice não se cansa de emprestar a sua voz.

Nos ambientes espíritas, ela também tem estado presente para esclarecer que, segundo Kardec, dificuldades físicas ou mentais que acometem certas pessoas podem estar associadas a processos de resgates de faltas cometidas em vidas passadas, renascendo com as deficiências necessárias para o seu refazimento e reequilíbrio. Com conhecimento de causa, ela faz a seguinte recomendação aos pais, independente do grau de severidade do transtorno do espectro autista: "Se você não consegue tratar do seu filho autista, pelo menos ame-o com todas as suas forças, de toda a sua alma e de todo o seu coração". É a mensagem que ela deixa por onde passa, da qual ela própria é um exemplo vivo.

Agradeçamos à vida

VEM DA RUA o som dos violinos que invade nosso apartamento. Jovens músicos se reúnem numa esquina movimentada do bairro onde moro para tocar um repertório que vai dos clássicos da música popular aos eruditos: Luís Gonzaga e Tom Jobim ao lado de Bach e Mozart. São os rapazes e moças da ONG Espaço Cultural da Grota, criada por Márcio Selles, um professor da Universidade Federal Fluminense que, há mais de duas décadas, incentivado por sua mãe – evangelizadora espírita – começou a lançar as bases da Orquestra de Cordas da Grota. Hoje o projeto atravessou fronteiras e se expande em número de jovens envolvidos, na descoberta de talentos e nas ações sociais empreendidas.

Ouvir alguns de seus participantes tocar me refrigera a alma, trazendo encanto para as minhas tardes.

Aqueles sons me chegam como gotas de luz. Nessa hora me sinto embalada em vibrações de paz e de doce harmonia e me recordo de que temos mais razões para agradecer a Deus do que para nos queixar.

É praticamente inumerável a relação dos bens que recebemos do Criador, a começar pelo dom da vida. Alguns há – como a chance de renascer e ter os pais que aceitaram que viéssemos por seu intermédio – cujo início se deu antes mesmo do nosso nascimento. Se fizermos uma análise cuidadosa da nossa jornada, certamente iremos contabilizar as inumeráveis dádivas com que o Senhor vem nos presenteando ao longo dos anos; veremos que somos abundantemente aquinhoados de bênçãos.

Como não reconhecer as benesses, prodigalizadas pela Natureza, que sustentam nossa vida? Ou o lar que nos abriga onde encontramos os companheiros que nos convidam diariamente a burilar nossas virtudes? Ou, ainda, a possibilidade que tivemos de receber a instrução que nos abriu a mente para o entendimento e facilitou nossa compreensão da doutrina espírita? Isso, sem falar na fé que sustenta e orienta nossos passos e o amparo recebido dos protetores espirituais. Esses são alguns dos presentes que recebemos diariamente e que, por vezes, nem nos damos conta.

A verdade é que somos fartamente agraciados pelo Pai, razão pela qual, grande deve ser a nossa responsabilidade diante da vida.

Numa passagem evangélica registrada por Lucas (12:36-48), o Mestre amado traz a alegoria de um senhor que se retirou das suas terras por certo tempo, não avisando quando voltaria. No seu regresso, encontrou o bom servo cumprindo todas as suas obrigações zelosamente. Reconhecendo seu valor, tratou de recompensá-lo, servindo-o. Mas acrescentou:

> Feliz o servo a quem o seu senhor encontrar fazendo assim quando voltar. Garanto-lhes que ele o encarregará de todos os seus bens. [...] A quem muito foi dado, muito será exigido; e a quem muito foi confiado, muito mais será pedido.

Implícito, nessa passagem, está o alerta para o cumprimento dos nossos deveres perante a vida. Significa dizer que colaborar com a elevação do padrão vibratório da Terra é, no mínimo, um dever que compete a cada um de nós. Trabalhar e servir mais, em lugar de criticar ou reclamar tanto e agradecer diariamente os benefícios que nos são dispensados são atitudes que devemos cultivar, na medida em que acreditamos estar submetidos às Divinas leis.

Olhando à nossa volta, vamos descobrir que há muitas pessoas compromissadas com o bem, empenhadas na construção de um mundo melhor e para as quais não há espaço para lamúrias e queixas. Gente como o Márcio Selles e seus jovens artistas.

Do ponto de vista espiritual, tenho a certeza de que as densas nuvens que, por vezes, criamos e mantemos com os nossos pensamentos pessimistas, são suavizadas sempre que alguém, como um dos jovens da Grota empunha seu violino e nos brinda com uma bela melodia. Nessas horas, só nos resta fazer uma prece a Deus, agradecendo por sermos tão agraciados. A música nos aproxima do seu halo amoroso, elevando nosso padrão vibratório e transmitindo paz à alma. Não é sem razão que Léon Denis declara que ela, "com seus recursos infinitos torna-se a única forma que se adapta à eterna beleza do Universo, a única forma de exprimir as sensações da alma radiosa, fundindo-se com o pensamento divino"[16].

Aqueles jovens a tanger as cordas dos seus instrumentos talvez nem suspeitem da grandeza de sentimentos que inspiram a muitos daqueles que os escutam, gratos ao Senhor da vida pelo presente que recebem.

---

16. O *espiritismo na arte*, p. 60.

Anália Franco,
sempre atual

HÁ PERSONAGENS NA História do Brasil que, dada a sua importância, merecem ser conhecidos ou relembrados. O que trazemos a seguir é um deles.

Para aqueles que pensam sobre o estado atual da nossa educação, é tristíssimo o quadro que todos os dias se nos apresenta à vista. A educação da mocidade continua cada vez mais descurada. [...] Na ignorância das coisas mais essenciais às grandes leis da vida, desfazem-se laços de solidariedade que devem unir os seres humanos e conduzi-los para um fim comum. [...] É por isso que os caracteres vão se abatendo, a venalidade cresce, a corrupção se avoluma como uma onda de perdição.[17]

Essas palavras, que nos soam tão familiares nos dias atuais, foram ditas em 1901 pela educadora Anália Franco. Na ocasião, ela pronunciava um discurso na inauguração da Associação Feminina Beneficente e Instrutiva do Estado de São Paulo (AFBI), por ela criada, cujo principal objetivo era tentar, "pela educação das classes desvalidas, pobres e abandonadas, regenerar uma grande parte da sociedade".

Anália Franco (1853-1919) foi uma das mais notáveis personalidades no cenário paulista, nas décadas iniciais do século passado. Tendo ingressado no magistério ainda muito jovem, fez da educação seu ideal de vida. Coração sensível e espírito destemido, posicionou-se, nos anos febris do final do século XIX, como uma ardente defensora do regime republicano e da abolição da escravatura, o que a levou a se colocar ao lado das crianças negras, pobres e órfãs, oferecendo-lhes amparo e educação.

Educadora, feminista, escritora, jornalista, Anália Franco se destacou por seu intenso trabalho junto aos desprotegidos e desvalidos.

A AFBI abrigou inúmeros projetos no campo edu-

---

17. Esta e demais citações/informações encontram-se nas obras de Eduardo Monteiro de Carvalho e Eliane de Christo Oliveira, relacionadas na bibliografia.

cacional, tanto na capital quanto no interior do Estado de São Paulo. Acreditando que "conceber o bem não basta; é preciso fazê-lo frutificar!", dedicou sua vida à prática da caridade e ao amor ao próximo. Nos anos que sucederam à criação da AFBI, a educadora não parou de criar escolas para crianças a partir de dois anos de idade, asilos para amparar crianças órfãs e mulheres desprezadas pela sociedade, cursos profissionalizantes para jovens, cursos noturnos de alfabetização de adultos, curso de preparação para o magistério, entre tantas outras iniciativas.

Outra faceta sua, da maior importância para a época, foi a atenção constante que dava à emancipação feminina mediante o binômio educação e trabalho, o que a levou a abrir um albergue diurno, além de asilos e creches destinados a acolher as crianças no período em que suas mães estavam trabalhando.

Cabe ressaltar que, ao contrário do que se praticava na época, seus educandários ofereciam acesso indiscriminado a crianças, independente da sua condição socioeconômica, gênero, cor da pele e credo. Foi pioneira na implantação de classes congregando meninos e meninas, lado a lado.

Anália é uma figura tão intensa, que atuou em tantas frentes, com uma liderança espontânea que a fazia querida de todos, que é impossível dar conta dos seus feitos em algumas páginas. Aqui fazemos apenas um pequeno recorte, no qual destacamos, ainda, a sua preocupação com a liberdade e autonomia dos educandos, mediante algumas práticas que iam além da mera instrução.

Com uma apurada visão de futuro e demonstrando ser uma excelente gestora, criou uma tipografia e várias oficinas de costura, de flores e chapéus, favorecendo a aquisição de uma profissão por parte dos alunos e alunas. A tipografia servia a toda uma gama de trabalhos internos, como livros, jornal, panfletos, material de divulgação (inclusive espírita), além de oferecer serviços externos que geravam recursos financeiros. As mercadorias produzidas pelas alunas eram vendidas em bazares próprios da AFBI e a renda era destinada à manutenção dos seus projetos educacionais.

Em uma fazenda que adquiriu, dez anos depois de fundada a AFBI, implantou um setor agrícola que permitia associar a iniciação ao trabalho para os jovens de ambos os sexos, à obtenção de meios de sustentabilidade dos seus educandários. Pelos objetivos a que se prestava, foi denominada de Colônia Regeneradora.

Se na sua visão educacional havia esse lado mais prático, o que a fez se destacar como educadora respeitada e admirada por todos foi, sobretudo, a forma de valorizar e engrandecer o ser humano, em uma época marcada por preconceitos de toda ordem. Educando e amparando, como já dissemos, crianças órfãs, mulheres desprotegidas, jovens marginalizados e todo tipo de pessoas discriminadas pela sociedade, era natural que associassem a sua obra ao assistencialismo puro e simples. Mas seus educandários e oficinas eram o oposto disto, como se pode ver por suas palavras: "Quero também repetir-lhes que a caridade não é só aquela que acolhe o desprotegido, mas a que lhe dá independência. Agasalha-o, sim, mas também lhe incute a confiança em seu potencial e valores próprios".

No seu entender, a caridade verdadeira é aquela que faz do educando um elemento construtivo no grupo social, e não um "parasita a recolher migalhas que sobram dos que possuem em excesso".

Seu principal objetivo como educadora era "formar cidadãos úteis, com iniciativa e capacidade, prontos a colaborar, nunca a pedir".

E pensar que essa visão tão avançada era sustentada por uma mulher que nascera em meados do século XIX! Mas ela é, provavelmente, o reflexo da sua formação espírita e da bagagem que trazia de vidas passadas.

O fato de Anália Franco e seu marido Francisco Bastos serem espíritas não era muito divulgado na época, embora houvesse até mesmo uma de suas escolas funcionando, à noite, como centro espírita. É importante que se entenda que a AFBI era mantida com verba pública e com recursos do seu quadro de mantenedores, a maioria católica. Para não se indispor com as fontes financeiras que sustentavam suas obras, sempre que alguém lhe perguntava sobre a religião que professava, ela respondia que era o amor. Foi com essa postura que sustentou a associação por tantos anos.

Ao desencarnar, ela deixou implantadas 110 escolas, entre asilos, creches, escolas maternais, liceus femininos e a colônia regeneradora, além de uma escola de música, uma banda feminina e um grupo de teatro. Todas essas obras receberam apoio da sociedade civil, da maçonaria e de grupos espíritas, além de subvenções públicas (em certas ocasiões) para a sua manutenção.

Seu exemplo de educadora à frente do seu tempo é um espelho no qual deveríamos nos mirar.

E, para a nossa alegria, há alguns anos, Anália Franco se faz presente orientando pais e educadores com sua palavra elucidativa e amorosa, por meio de mensagens mediúnicas. Por tantas inspirações luminosas que nos traz, a reverenciamos como uma mentora amiga a quem devemos eterna gratidão.

Um resgate de amor

A VIDA, POR vezes, nos reserva boas surpresas quando menos esperamos. A viagem aérea entre Manaus e o Rio de Janeiro parecia ser mais uma daquelas em que procuraria me distrair assistindo vídeo no celular. No entanto, bastaram um sorriso e um cumprimento, para descobrir um tesouro que se escondia sob a figura simples da mulher sentada ao meu lado. Sua história é digna de ser conhecida.

Em uma pequena comunidade às margens do Rio Amazonas, nasceu Zita, a primeira de dez filhos. Vivendo a realidade das populações ribeirinhas, mal pôde conhecer as primeiras letras. Desde menina passara a ajudar a mãe no cuidado com os irmãos mais novos. Aos 14 anos, sem conhecer nada da vida e sem ter recebido nenhum tipo de orientação sexual, engravidou de um rapaz um pouco mais velho. Casaram-se e, da união, nasceram sete filhos, todos homens, com exceção de uma menina. Vidas que se repetiram: uniões prematuras gerando filhos antes da hora. Ao contrário do seu casamento que já avança para os 40 anos de união, quase todos os seus filhos viveram aventuras de pequena duração, que resultaram em rebentos não esperados.

Um, em particular, aos dezoito anos uniu-se a uma jovem, que já era mãe de uma menina. Desse enlace, que não chegou a completar três anos, nasceu um menino. Na separação ocorrida quando ele ainda era um bebê de colo, a mãe foi taxativa ao dizer que levaria consigo a sua filha e que o companheiro fizesse o mesmo com o filho, selando assim o destino da criança.

Assustado, o inexperiente rapaz não viu outra solução que não fosse levar o bebê para que a mãe o criasse. Zita o acolheu como se fosse seu próprio filho. Cuidou da sua educação e ofereceu-lhe muito amor. Sentiu-se remoçar ao voltar à lida com aquela criança alegre e carinhosa.

Mesmo sem nenhuma proximidade com a mãe, que morava em um vilarejo a poucas horas de barco, a avó a educou trazendo constantemente a lembrança materna. Sempre que possível, fazia referências positivas à sua figura, não permitindo jamais que alguém a denegrisse.

Quando o garoto perguntava por que viviam afastados, ouvia a explicação de que o casamento não dera certo, mas que ela era uma boa pessoa, a quem ele deveria amar.

Os anos se passaram e o menino cresceu. Curioso sobre sua origem, não foi difícil chegar até sua mãe fazendo uso das redes sociais. Aos 13 anos, ao se aproximar o dia das mães, manifestou à avó seu desejo de conhecê-la. E aqui começa o encantamento dessa história. Zita se esmerou na preparação psicológica do neto: "Ela é a sua mãe. Vá até lá, e trate-a com amor". E caprichou na escolha de um presente, acompanhado de um belo cartão alusivo à data.

Assim preparado, e envolto em vibrações amorosas, o primeiro encontro do filho com a mãe foi marcado por forte emoção. Ela caiu em prantos quando ouviu de seus lábios uma expressão já quase em desuso: "a sua bênção, minha mãe", seguida de um carinhoso abraço.

O poder do amor é incomensurável.

O que teria feito aquela mãe desistir do seu filho em tenra idade, no passado? Que sentimentos nutria por ele? Por que manteve a separação, mesmo vivendo tão perto? Essas são perguntas que não nos cabem responder. Jamais saberemos o que se passou naquele coração. No entanto, a maneira emocionada como recebeu o filho que voltava para os seus braços nos permite imaginar que já nutria o desejo de revê-lo. Naquela hora o amor de mãe floresceu novamente e falou mais alto. Depois daquele encontro, tentam ambos recuperar o tempo perdido, mantendo constante contato.

Mas nada disso teria acontecido se não fosse aquela avó.

Há pessoas que guardam um poder transformador extraordinário. Emmanuel comenta, em *Vinha de luz*[18], que "muitas plantas espinhosas ou estéreis são modificadas em sua natureza essencial pelos filtros amorosos do Administrador da seara, que usa afeições novas, situações diferentes, estímulos inesperados ou responsabilidades ternas que falem ao coração". Esse era um caso de planta espinhosa, estéril de afeto que Deus permitiu fosse tocada pela amorosidade daquela senhora. Foi ela quem criou o inesperado, aproveitando-se de uma situação nova. Seu sentimento de responsabilidade para com a felicidade do próximo foi, de fato, o principal determinante para o desfecho tão positivo.

Aquela avó, ao contrário de tantas outras, soube manter no coração infantil a chama do amor e do respeito que deve preponderar nas relações entre mãe e filho. Considerando as circunstâncias em que se deu o surgimento desse filho-neto em sua vida e que se manteve ao longo dos anos, teria sido muito fácil insuflar sentimentos menos nobres no menino, em relação à própria mãe, difamando-a e acusando-a por tê-lo abandonado.

Ao invés disso, mesmo correndo o risco de perdê-lo, Zita comportou-se como uma verdadeira seguidora do Cristo, ensinando e praticando a lei do amor. Seu

---

18. Lição 107: Joio.

comportamento desprendido e bondoso, denota a nobreza da sua alma. Uma alma generosa!

Seu exemplo nos faz refletir sobre nossos próprios sentimentos. Quantas vezes, em situações muito menos dramáticas, nos deixamos levar pelas reações egoístas, coloridas pelos ciúmes e desejo de vingança. Como nos é difícil renunciar em prol de alguém, mantendo nosso pensamento elevado, na certeza de que agir no bem e servir ao próximo de forma desinteressada é o melhor meio de nos aproximarmos de Deus. Ainda temos muito o que aprender.

... ...
... ...

JUVENTUDE:
SEUS DESAFIOS
E CONQUISTAS

PARTE

7

O suicídio
pode ser evitado

UMA EVANGELIZADORA ESPÍRITA me telefona aflita. Queria saber como abordar o suicídio em suas aulas. O motivo me deixou perplexa: uma menina de dez anos, da sua turma, estava com ideias de se matar em função das brigas diárias que mantinha com sua mãe. Revoltada e sem saber como enfrentar a situação, começava a alimentar tais pensamentos.

Embora não seja frequente o suicídio em crianças, o fato é que sua incidência em jovens vem aumentando de forma alarmante, nos últimos anos. Segundo a Organização Mundial de Saúde, é da ordem de 800 mil o número de pessoas que tiram a própria vida, a cada ano, o que corresponde a uma morte a cada 40 segundos. Segundo aponta, o autoextermínio é a segunda causa de morte entre a população de 15 a 29 anos.

Não é, pois, sem razão que o tema do suicídio vem ganhando espaço e visibilidade na mídia mundial. Especialistas alertam que ele pode ser evitado na maioria das vezes e atribui-se à depressão a sua principal causa. E dizem mais: que essa, quando associada ao abuso de álcool e de substâncias químicas, pode aumentar, em muito, a chance de alguém eliminar a própria vida.

"No que se refere ao adolescente, precisamos saber que os problemas de saúde mental muitas vezes são as doenças crônicas que os afetam em larga escala; que a depressão, na fase em que se encontram, pode ser identificada e tratada; e que o tema do suicídio deve, sim, ser abordado com eles, de forma séria e responsável". Essas são considerações feitas pelo Dr. Pedro Mário Pan a partir dos resultados obtidos na pesquisa que fundamentou a sua tese de doutorado, defendida no Departamento de Psiquiatria da Escola Paulista de Medicina da Universidade Federal de São Paulo (EPM/ Unifesp) [19].

Nela ficou evidenciada uma forte ligação que há entre certas alterações existentes em determinadas áreas do cérebro de crianças e o aparecimento de depressão na adolescência. Para chegar a esse resultado foi feito, durante três anos, um acompanhamento de um grupo de 675 crianças com idades entre 6 e 12 anos, constan-

---

19. Esse trabalho foi publicado no renomado periódico oficial da Associação Americana de Psiquiatria, o *American Journal of Psychiatry*, conforme apresentamos nas referências.

do de avaliações psicológicas e exames de ressonância magnética. Essa importante descoberta confere um grande peso ao fator genético da depressão. Ademais, permite que, uma vez detectada tal alteração, sejam tomadas medidas preventivas. Sabe-se que há, nesses casos, uma vulnerabilidade maior ao suicídio. "Encontramos uma conectividade de característica diferente, aumentada ou mais ativada, no cérebro daqueles que desenvolveram depressão após três anos, contabilizando-se 53 indivíduos nessas condições", esclarece Dr. Mário Pan.

Essa vulnerabilidade, que começa na infância, pode ser ampliada se a ela vier se somar eventos adversos, como rejeição materna, abuso psicológico, físico e sexual, entre outros.

Sabemos que, do ponto de vista espiritual, a individualidade de cada um de nós, manifesta sua verdadeira natureza entre quinze e vinte anos (*O Livro dos Espíritos*, questão 385). Nessa fase não é incomum que espíritos cobradores – aqueles que se sentiram prejudicados em algum ponto da sua trajetória passada por alguém que agora se encontra reencarnado como um jovem – se transformem em severos obsessores. Desejando se vingar, atuam sobre sua mente, induzindo-o, sob múltiplas formas, ao suicídio.

A questão é por demais complexa e reclama medidas de largo alcance, como, encaminhamento ao tratamento psicoterápico e espiritual com apoio à família; mudança de hábitos; medicação, entre outras. Estima-

-se que cerca de 60% dos que estão em crise, pensando em se matar, responde ao tratamento agudo com psicoterapia e/ou medicação.

Nunca é demais ficar-se alerta diante de jovens que manifestam muita tristeza; irritabilidade; perda de prazer em atividades; alterações no apetite e no sono; perda de energia; ou pensamentos negativos sobre si mesmo. Outros comportamentos também devem chamar nossa atenção, como sentimento de culpa, rejeição, dificuldade de raciocínio e de concentração, indecisão, pensamentos sobre morte ou cultivo de pensamentos ruins. Tudo isso deve levantar um sinal de alerta para os pais, educadores e amigos.

E a quem está de fora, os especialistas recomendam ouvir, não julgar, não doutrinar, e nem minimizar as reclamações. Também se deve evitar dizer: "ah, é assim mesmo, isso vai passar, é uma fase". Ao contrário, a melhor atitude deve ser a de valorizar a queixa, respeitar a dor e oferecer ajuda. Em caso de *bullying*, comunicar à instituição onde ele está acontecendo.

Todas essas medidas são importantes. Mas, como espíritas, sabendo que a obsessão se faz presente na maior parte dos casos, podemos encaminhar a pessoa com depressão e ideias suicidas a um atendimento fraterno, acompanhado de passes, fluidoterapia e estudo do Evangelho (se ela assim o desejar). Em geral, os nomes dessas pessoas são levados para uma reunião mediúnica a fim de complementar o atendimento espiritual.

Allan Kardec tratou do tema suicídio na *Revista Espírita* de julho de 1862. Segundo suas palavras, espiritismo pode ser considerado um remédio eficaz para se evitá-lo, pois ao permitir que se tenha confiança no futuro, o candidato a tirar a própria vida muda por completo a sua maneira de encarar seu estágio na Terra. A partir dessa constatação, ele ganha força moral para enfrentar as dificuldades que no momento lhe parecem insolúveis. Ao reconhecer que teria que passar por muitos sofrimentos e que estaria impossibilitado de alcançar aquilo que desejava ao dar fim ao corpo material, o espírito teria uma dose maior de paciência em relação aos seus problemas e evitaria pôr fim à vida.

Quem estuda o espiritismo e lê obras como *Memórias de um suicida*, de Yvonne Pereira dificilmente deixará de lhe dar razão.

Como pais e educadores, não podemos perder a oportunidade de valorizar a vida junto à criança, ao adolescente e ao jovem. É preciso que eles saibam que a vida é o bem mais precioso que Deus nos deu; que tudo passa. Precisamos convencê-los de que nenhuma reencarnação deve ser perdida. Ao contrário, o fato de nos sabermos criaturas de Deus, do Pai que nos ama incondicionalmente, nos dá força para resistirmos a qualquer ideia do próprio aniquilamento. É preciso confiar.

Gravidez precoce

TODA MANHÃ DE sábado eu a vejo chegar cedo para as aulas de evangelização na casa espírita. Não fossem as duas criancinhas que carrega pelas mãos, seria facilmente confundida com os adolescentes que ali se encontram, aguardando o início das atividades. Mas não. Ela é apenas a mãe trazendo os filhos.

Sei a sua história. Uma velha e batida história que não nos causa mais espanto. Não conheceu o pai. A mãe, inexperiente, a trouxe ao mundo quando tinha apenas 16 anos. Cresceu ouvindo o quanto era culpada pelas limitações que a sua chegada havia imposto aos sonhos maternos. Sempre rejeitada, ansiava por ser amada e acolhida. Por isso, acreditou nas promessas do primeiro Romeu que a cortejou. A consequência não tardou a se manifestar: uma gravidez no início da adolescência. Ela, com 14 anos e seu parceiro, 17. Em um mísero barraco iniciaram a vida juntos. Pouco tempo depois, foram surpreendidos com uma nova gravidez. Talvez por despreparo para um compromisso tão sério, o rapaz a abandonou antes mesmo do nascimento da criança. Foi no centro espírita que encontrou o apoio que procurava. Na creche, mantida pela instituição, ela deixa os filhos enquanto cumpre sua jornada de trabalho de segunda a sexta-feira. Nos sábados, ela os leva para a evangelização e ali permanece, participando do Grupo de Pais.

Nessa casa, presto semanalmente minha contribuição como voluntária. Do local onde me encontro, eu a observo. Percebo em seu comportamento uma visível instabilidade emocional: ora brinca com os pequenos, entre doces sorrisos, ora se exalta e zanga, provocando-lhes o pranto. Nesses momentos, mostra-se bastante irritada. Grita. Faz ameaças. Põe de castigo. Quantas vezes, condoída, faço um agrado às crianças, colocando-as no colo, sabendo que, na verdade, é ela, a menina-mãe, quem mais precisa desse aconchego.

Triste realidade, tão recorrente no nosso Brasil. Pesquisas do Ministério da Saúde demonstram que 500 mil adolescentes com idade entre 10 e 19 anos deram à luz em 2016, o equivalente a mais de 20% dos nascimentos no ano (dessas, mais de 24 mil tinham de 10 a 14 anos). O IBGE cita a gravidez precoce como a maior causa de evasão escolar entre garotas de 10 a 17 anos.

Vidas embaraçadas, sonhos cortados, futuros cinzentos...

Este é, sem dúvida, um grave problema a reclamar nossa atenção.

O medo de sermos tachados de retrógrados ou moralistas nos levam, muitas vezes, a silenciar ante esse quadro que se alastra como uma epidemia.

Esses novos tempos em que vivemos, trazem as marcas das bandeiras desfraldadas a favor da liberdade total, traduzida na liberação dos costumes e na derrubada de barreiras. Tudo é permitido em nome do prazer. Tendo a vida sexual iniciada cedo, nossos adolescentes são, o tempo todo, estimulados pelos apelos que se encontram por toda parte, da programação televisiva aos conteúdos acessados na internet; das campanhas publicitárias, aos outdoors. É cruel a constatação do quanto, no exterior, a imagem da mulher brasileira está associada ao sexo fácil, à permissividade. O sexo banalizado é vendido como produto de primeira necessidade. Nunca se consumiu tanta pornografia como agora.

Há décadas o Brasil vem enfrentando o problema da gravidez precoce sem atacar a raiz do problema: a educação moral. Campanhas são feitas incentivando o uso de preservativos; escolas inserem conteúdos relacionados à sexualidade e reprodução em seus programas. Não é, portanto, a falta de conhecimento que leva jovens a ter filhos sem planejamento e antes da hora.

Ao lado dos inúmeros fatores ligados à superexposição de temas da sexualidade, da permissividade vigente em todas as camadas sociais, há algo que raramente é citado: a imaturidade neurológica do adolescente. Áreas do cérebro que respondem pelo controle da impulsividade e pelo estabelecimento de nexo entre ato e consequência só estão plenamente amadurecidos por volta dos 20 anos. Tal fato levanta a questão da responsabilidade dos pais perante seus filhos adolescentes.

Por mais que pareçam independentes, que dominem os aparatos tecnológicos com maestria, que emitam opiniões acerca de tudo e se digam donos da sua vida, eles ainda estão, do ponto de vista biológico, imaturos. Carecem de orientação. Ocorre que, muitas vezes, aqueles que deveriam servir de bússolas, estão ausentes ou se omitem, preocupados que estão com a própria vida.

Se aprendemos na doutrina espírita que os pais são responsáveis pelo progresso moral dos filhos, o quadro da gravidez precoce nos leva a perguntar: que contas darão a Deus, os pais dessas milhares de meninas que são mães quando mal saíram da infância? E mais: como imputar a essas adolescentes, a responsabilidade de que nos falam os benfeitores espirituais?

Tema inesgotável, merece ser amplamente discutido nas casas espíritas, nos grupos de evangelizadores, de juventude, círculo de pais, de estudos, entre outros, haja vista a complexidade e gravidade da questão. Precisamos falar disso, urgentemente.

Fortalecidos
pelas dificuldades

É INEGÁVEL QUE os pais desejam sempre o melhor para os seus filhos. Não é por outro motivo que correm para enxugar suas lágrimas quando os veem chorar, que os acalentam diante de dificuldades, que os orientam sugerindo boas escolhas. São louváveis tais comportamentos. Mas, nesta ânsia de poupar dores e sofrimentos aos seus meninos – inevitáveis na vida –, estão sujeitos a cair no extremo oposto, incorrendo em atitudes que só comprometem o aprendizado de comportamentos adequados e habilidades socioemocionais necessários à vida em sociedade.

Ao se tentar contornar as birras, crises de choro, exigências descabidas, intolerância a regras, impaciência e todo tipo de situação conflituosa mediante a satisfação dos desejos da criança, comete-se um erro cujas consequências não tardarão a se manifestar. O cérebro registra a relação entre ato e consequência, e a aprendizagem que daí resulta é: "se me contrariam, eu reajo até que façam o que eu desejo". E é com essa leitura equivocada que ela vai enfrentar o mundo.

Se além desse modelo atitudinal, a criança vive em um núcleo familiar que acredita que se deve ser feliz o tempo todo, o quadro pode se agravar. Há pais que julgam que seu papel é evitar situações nas quais tenham que mediar conflitos, impor limites, dizer não; que se esquivam de vivenciar estresse diante de quadros problemáticos ou que alimentam sentimento de culpa por serem rígidos com os filhos. Para eles, o que importa é a manutenção do prazer, da alegria e do bem-estar constantes de todos que fazem parte daquele núcleo familiar. E isso também é registrado pelo cérebro em desenvolvimento.

Deriva dessa conjuntura um ser humano frágil, inabilitado para o gerenciamento das suas emoções, principalmente das que ameaçam o seu conforto, sua segurança e seu poder.

Essa fragilidade mostra-se patente na manifestação de comportamentos desastrosos, violentos e, até mesmo, autodestrutivos, como as mutilações do próprio corpo ou, o que é pior, nas crises de depressão que pode resultar até em suicídio.

No momento presente é assustador o número de jovens que tiram a própria vida, muitas vezes por razões que poderiam ser perfeitamente contornadas.

As motivações para tais atos são variadas e complexas, exigindo análises mais aprofundadas. Há, porém, certo consenso de que aqueles que assim agem estão propensos a ter um nível baixo de resiliência, ou seja, uma incapacidade de enfrentar adversidades e delas sair mais fortificados.

Mas não há como se tornar resiliente se não há problemas a enfrentar. Tampouco, quando não se aprendeu a conter os próprios impulsos, a superar frustrações e a encarar os problemas de frente, na tentativa de solucioná-los.

Emmanuel, em *Vinha de luz*, capítulo 115, considera ilógico que o filho se aproxime do pai com a única intenção de receber carinho. No seu entender,

> (...) a mente juvenil necessita aceitar a educação construtiva que lhe é oferecida, revestindo-se de poderes benéficos, na ação incessante do bem [...] A sede de ternura palpita em todos os seres, contudo, não se deve olvidar o trabalho que enrijece as energias comuns, a responsabilidade que define a posição justa e o esforço próprio que enobrece o caminho.

Diante de uma realidade na qual grande número de adolescentes e jovens se mostram atordoados, sem referências e mal dotadas de habilidades socioemocionais, o apontamento do mentor reveste-se da maior pertinência. É preciso prepará-los para o trabalho, para a responsabilidade, desenvolvendo o esforço próprio.

É urgente fortalecê-los na fé e na compreensão de que problemas fazem parte da vida, e que ela é uma dádiva de Deus.

E para que se tenha a certeza de que isto é possível, os meios de comunicação, notadamente as redes sociais, são pródigas em nos revelar pessoas que, apesar de terem enfrentado provas existenciais difíceis, conseguiram superar todos os desafios, conquistando espaços, galgando posições de destaque, exemplificando o poder da resiliência.

A bailarina Ingrid Silva é uma delas. Filha de uma empregada doméstica e de um funcionário aposentado da FAB, venceu obstáculos e preconceitos. Convicta do que queria, soube lutar por seu espaço na escola de balé onde estudava, impondo-se como uma aluna negra entre colegas brancos. O sucesso no Brasil a fez transferir-se para Nova York, onde passou a fazer parte do Dance Theatre of Harlem, a primeira companhia clássica majoritariamente negra dos Estados Unidos. Passados 11 anos, tornou-se sua principal bailarina. Sempre preocupada em promover o empoderamento das pessoas, declarou em uma das suas viagens ao Brasil: "Acredito que o mais importante é dar oportunidade e abrir portas — para fazer as pessoas acreditarem que elas também têm a condição de conquistar um futuro melhor."

Outros há que conheceram dias amenos e momentos de glória, mas que sofreram algum tipo de revés que, ao invés de derrotá-los, serviu de incentivo para que conseguissem vencer obstáculos e conquistar vitórias. Tal é o caso do iatista Lars Grael. Era um atleta consagrado, medalhista olímpico em plena atividade, quando, em 1998, sofreu um acidente no mar que ocasionou a amputação da sua perna direita. Sua imensa força de vontade o levou a retornar ao esporte, nele se mantendo por mais de duas décadas. E foi além. Passou a dar palestras motivadoras para aqueles que necessitavam de uma força para continuar lutando por seus ideais e criou o Instituto Rumo Náutico – Projeto Lars Grael, juntamente com outros velejadores. Oferecendo cursos e programas como desenvolvimento esportivo e oficinas náuticas nos mais variados campos, já atendeu a mais de 16 mil crianças da rede pública de ensino nos seus 20 anos de existência. Ali elas estão sendo educadas e preparadas para o mercado de trabalho.

No movimento espírita temos o exemplo do notável Raul Teixeira, órfão de mãe em tenra infância, oriundo de uma família sem grandes posses, e que sempre estudou em escolas públicas. Ainda muito jovem, graduou-se em física, tornando-se professor da rede estadual de ensino. Prosseguiu sua carreira, obtendo os títulos de mestre e doutor em educação, tendo, ainda, se tornado professor da Universidade Federal Fluminense por concurso público. Paralelamente à sua formação acadêmica, fundou em Niterói, juntamente com outros companheiros, a Sociedade Espírita Fraternidade que mantém, há mais de 30 anos, uma obra filantrópica de assistência e promoção social para crianças da periferia de Niterói. Consagrado escritor e orador espírita, sofreu em 2011 um AVC que deixou sua fala e seus movimentos bastante comprometidos. Exemplo de resiliência extraordinário, sua determinação e força de vontade o fizeram se dedicar com afinco às terapias necessárias à sua recuperação. Hoje, pode-se dizer que superou as maiores dificuldades impostas pelo derrame cerebral.

Exemplos como esses, e muitos outros, dão-nos a certeza de que as dificuldades nos fortalecem e nos dão mais coragem para enfrentarmos os desafios da vida.

"... no mundo tereis aflições, mas tende bom ânimo, eu venci o mundo", disse Jesus (João 16:33). São palavras que nos consolam diante das tribulações pelas quais passamos e nos fazem acreditar que os desafios podem ser grandes, mas com fé resoluta e confiança em Deus, não nos faltarão os recursos para vencê-los. E essa é uma valiosa lição que devemos repassar para as nossas crianças.

Promover talentos e desenvolver potenciais

FILHOS SÃO DIFERENTES entre si. Esta é uma constatação a que muitos pais chegam ao cuidar da educação dos mesmos. De fato, como espíritos que são, cada um carrega sua história. Ainda que todos tenham por meta a evolução espiritual, cada qual possui, em maior ou menor grau, talentos em estágio embrionário e conquistas já realizadas. Ao lado da folha de compromissos reencarnatórios que precisam cumprir, apresentam, também, um lastro de experiências. Em ajudá-los na tarefa evolutiva, devem os pais se esforçar.

Assim, ao educar os filhos, sejam eles como forem, seria desejável que os pais levassem em consideração tanto suas características e seus interesses quanto suas necessidades emocionais e espirituais, ajudando-os a desenvolver suas potencialidades.

Enquanto uns se assemelham a plantas tenras, necessitando cultivo, outros se parecem com botões de flores, anunciando os frutos saudáveis que hão de vir. Há que se ter sensibilidade para distingui-los e oferecer a cada um aquilo de que mais necessita.

Essa questão das diferenças individuais dos filhos foi, há muitos anos, percebida por Pestalozzi. Embora dedicasse um grande amor a todos os seus alunos, cuidando da educação integral de cada um, ele entendia que não poderia se descurar de promover os talentos que via despontar em alguns deles. É ele quem assim registra[20]:

> (...) com o meu jeito simples e com a minha habilidade de extrair do seu próprio repertório de experiências, de forma rápida e geral, tudo o que elas soubessem em cada matéria, poderia realizar com elas um curso bem determinado. Esse curso teria abrangido, por um lado, o conjunto de conhecimentos essencialmente úteis à massa humana e, por outro, teria trazido a qualquer criança dotada de algum talento especial em certa área, um número suficiente de conhecimentos iniciais, para facilitar posteriormente o progresso individual da sua cultura.

---

20. As citações de Pestalozzi foram extraídas do livro de Dora Incontri: *Pestalozzi – Educação e ética*, (pag. 156 e 97, respectivamente).

Nessa passagem fica evidente sua preocupação em explorar ao máximo os potenciais diferenciados dos seus alunos, a fim de que pudessem mais tarde, avançar individualmente. E acrescenta:

> Não temos nenhum direito de limitar, a homem algum, a possibilidade de desenvolver as próprias faculdades. Pode ser oportuno tratar alguns com maior atenção e propor a outros, objetivos menos elevados: a grande variedade de dotes e inclinações, de projetos e tendências que se encontram entre os homens é já uma prova por si mesma suficiente desse tratamento diferenciado.

Se soubermos observar as tendências que os espíritos que reencarnam trazem latentes, poderemos, como pais, responsáveis ou educadores, ajudá-los a desabrochar seus potenciais, tal como nos aconselha Pestalozzi. Essa ação, contudo, não precisa se restringir à família ou à escola. É importante, também, que ela seja levada para as aulas de evangelização promovidas pelos centros espíritas. O campo da educação espírita mostra-se muito apropriado para isso, particularmente no que diz respeito aos sentimentos.

Temos notícias de trabalhos muito produtivos feitos em casas espíritas, com jovens e crianças de diferentes contextos socioeconômicos, por meio das artes. Conseguir se expressar por intermédio da dança, das artes plásticas, da música é uma forma saudável de elevar a autoestima, de se sentir uma pessoa de valor. A arte, especialmente a que se faz em grupo, tem, ainda, o poder de fortalecer laços de amizade.

Também conhecemos projetos que estão trazendo de volta para a casa espírita, rapazes e moças atraídos pela possibilidade de se tornarem protagonistas. E tudo começa ouvindo as suas dificuldades, seus anseios e seus sonhos, como é o caso de um belo projeto que foi coordenado pelo educador espírita Guilherme Fraenkel, no ano de 2015, na Rocinha (RJ)[21]. Nele, jovens da comunidade, assustados com a violência local, realizaram um documentário em que entrevistavam moradores acerca do significado da paz para cada um deles. Em um dos muitos seminários e palestras que realiza, o educador deu uma declaração que merecia ser meditada por todos aqueles que se dedicam à evangelização espírita infantojuvenil: "Eu quero que eles atuem no mundo a partir de conceitos espíritas. A evangelização, aqui, deixou de ser um espaço de estudos espíritas para ser um laboratório de aplicação de conteúdos espíritas à vida".

O empenho desse educador e seus pares da evangelização, também foi capaz de levar um grupo expressivo de adolescentes a criar, editar e publicar um vídeo

---

21. O trabalho foi feito na Casa Maria de Nazaré, braço assistencial do Grupo de Estudos Espíritas Rita de Cássia, do Rio de Janeiro. Sobre Guilherme Fraenkel: esse evangelizador apresenta inúmeros projetos semelhantes a esse, além de vários vídeos seus no canal do YouTube, WebEspiritismo.

coletivamente. É ele próprio quem afirma ter trabalhado com aquilo que cada um poderia oferecer, respeitando suas individualidades, embora tentando fazer que avançassem sempre mais, em termos de criatividade e colaboração.

Os espíritos reencarnados que ora batem às portas dos centros espíritas esperando ser evangelizados, confiam nas mãos amigas dos evangelizadores, certos de que eles compreenderão suas necessidades evolutivas e farão tudo o que estiver ao seu alcance para que elas sejam atendidas, respeitando suas maneiras de ser e estar no mundo.

E os pais, a exemplo desses educadores, compreendendo as necessidades dos seus filhos, podem tornar seus filhos mais felizes ao lhes atender as diferenças individuais.

A riqueza dos encontros de juventude

SER CONVIDADA PARA dialogar com jovens espíritas tem sido, para mim, uma magnífica oportunidade de conhecer mais de perto esse universo, seus anseios e suas realizações. E, de tudo o que observo, chego à conclusão de que eles são muito ativos. Esta ideia também é compartilhada, praticamente, por toda gente que tem a oportunidade de conhecer mais de perto o movimento espírita juvenil brasileiro. Sob diferentes siglas – CONBRAJE, CONJERG, COMEERJ e tantas outras similares – reúnem-se jovens de todos os pontos do Brasil em encontros nacionais ou estaduais. Os formatos são os mais diversos e vão desde simples encontros, seminários, apresentações artísticas, acampamentos a congressos e confraternizações de grande porte. Em todos eles a alegria saudável impera.

Com pautas que incluem estudos doutrinários e diferentes formas de expressões artísticas, tais atividades trazem uma forte marca: a do sentimento de pertencimento. Para o jovem participante, o lema "juntos somos fortes" ganha concretude a cada visão do companheiro que chega com sua mochila nas costas, a cada um que com ele compartilha as mesmas experiências. Podendo se ver no outro, cresce em sua intimidade a certeza de que faz parte de uma coletividade muito maior, alegre e participativa. Quantas vezes ele já se sentiu diferente dos seus pares que não estão filiados a nenhum movimento como o da evangelização juvenil? Quantas vezes não sentiu vontade de se retirar e seguir outros rumos, por se sentir tão só? Nessa hora, suas dúvidas se dissipam. O todo do qual ele é partícipe, ajuda-o a fortalecer o seu sentimento de pertencimento. Nisso reside, talvez, um dos pontos mais positivos de tais encontros.

Os estudos em grupo, por sua vez, oferecem outro tipo de oportunidade aos jovens: a de abordar assuntos que dizem diretamente respeito a suas dúvidas, angústias e incertezas, em um clima fraterno, com orientadores que suscitam plena confiança. À luz do evangelho de Jesus e do espiritismo, são analisados temas mais complexos, como o uso das drogas ilícitas, a sexualidade e questões de gênero em seus diferentes aspectos, dificuldades nas relações familiares, entre outras. Como a nossa não é uma religião de proibições, ali eles aprofundam conhecimentos adquiridos anteriormente em seus encontros semanais de evangelização, discutindo e trocando experiências, avançando e assimilando conceitos basilares, como, por exemplo, a lei de causa e efeito, justiça Divina e leis morais.

Temos relatos de companheiros nossos, educadores que atuam junto à juventude, que para muitos adolescentes eles desempenham um papel de confidente, um amigo que entende suas dificuldades e que os ajudam a encontrar caminhos seguros em meio a nevoeiros, a ultrapassar muralhas que se mostravam intransponíveis. Esclarecimento, acolhimento, aceitação são as portas que eles encontram, muitas vezes, evitando a autodestruição, a depressão, o sofrimento ou os equívocos, tão comuns nessa fase da vida.

A magia desses encontros pode ser explicada, também, pelo que eles oferecem de apelo à emoção e aos sentimentos. Música, dança, teatro, nas suas mais distintas expressões, trazem o contentamento que contagia a todos.

Léon Denis, no seu livro *O espiritismo na arte*, ao aprofundar esse tema, nos mostra o alcance e o poder transformador da atividade artística no ser humano.

Como parte da programação, ou nos momentos de descontração, a música cantada em conjunto tem o dom de unir corações. É visível o prazer que a mocidade encontra em acompanhar as coreografias, marcar o ritmo com as palmas ou em fazer girar a roda em danças circulares. Mas é, sobretudo, naquelas horas em que a música se faz mais suave, em doces harmonias, que percebemos como as almas se elevam em direção ao mais alto, numa busca de aproximação com o Cristo. E, então, lembrando-nos do querido Denis quando nos diz que "a música coloca ritmo nas emissões fluídicas e facilita a ação dos espíritos elevados", ganha força, em nossa mente, a certeza de que, em ambientes assim criados, muito trabalho espiritual é feito em prol dos que necessitam, nos dois planos da vida.

Uma das provas dessa atuação espiritual pode ser vista quando os jovens, mesmo depois de terem aplaudido ruidosamente cada número musical que se apresenta, ao ser cantada uma música-prece, como a oração de São Francisco, fazem, ao final, um silêncio absoluto, respeitoso, emocionado, dando a entender que todos foram tocados no fundo da alma.

Foi exatamente isso o que ocorreu, por exemplo, quando o grupo musical Änïmä, em um congresso de juventude recente, acabou de cantar a canção "Obrigado, Senhor" de Marielza Tiscate, cuja letra diz assim: "Senhor/ Quero te agradecer/ Pelo dia que nasceu/ Pelos dias que vão vir. Senhor/ Ouve a minha oração/ Ouve o meu coração/ A dizer / Obrigado, Senhor".

Ponderando os benefícios hauridos pela juventude, não nos cansamos de incentivar os pais a levarem seus filhos para a evangelização espírita desde muito cedo. Com certeza eles irão estabelecer sólidas e duradouras ligações com os benfeitores espirituais que os acompanharão pela vida afora.

Gratidão

RECOLHENDO HISTÓRIAS AQUI e ali, fui surpreendida por uma delas que me fez acreditar, uma vez mais, na juventude e no seu poder de transformar a Terra.

Cumprindo um dever de fraternidade, fui visitar uma família sem grandes recursos financeiros, formada por uma idosa quase centenária, sua filha e seu neto, um jovem de 22 anos.

A avó, antes tão dinâmica e prestativa, sempre pronta a ajudar os amigos e os vizinhos, agora se encontrava em uma cadeira de rodas. Complicações naturais da idade vinham afetando sua saúde, antes muito vigorosa. Cuidados permanentes passaram a fazer parte da sua rotina: remédios várias vezes ao dia; inalações; aplicações diárias de injeção e curativos.

Incapacitada e dependente, só sobrevive com a cooperação da filha e do seu neto Yuri. Assim, diariamente, cabem ao jovem e à sua mãe realizar as tarefas relativas aos cuidados com a senhora.

Ver filha cuidar de mãe na velhice é normal, mas ver um neto abdicar dos prazeres e afazeres próprios da juventude, para assumir esse compromisso é completamente incomum. Universitário, cursando o segundo ano de engenharia de produção, o jovem não somente trancou a matrícula, como também se afastou do trabalho, no qual já atuava há três anos, para se consagrar integralmente à avó. Como um enfermeiro atento, paciente e amoroso, passou a atender a todas as suas necessidades: comida e remédios na boca, procedimentos de higiene e enfermagem, locomoção e proteção.

Indagado por que abriu mão de tudo para cuidar da avozinha, responde serenamente: "Ela cuidou de mim até agora, então está na minha vez de cuidar dela".

De fato, vivendo sob o mesmo teto desde que tinha um ano (o pai havia abandonado a família quando ele tinha essa idade), foi ela a sua grande provedora – material e emocionalmente. Com seu salário de pensionista, bancara os estudos e facilitara a vida do jovem com pequenos agrados.

Esse reconhecimento e reciprocidade deveria ser modelo para a juventude. Quantas vezes se recebe muito sem dar nada em troca. O sentimento de que se é devedor de todos os cuidados e atenções dos antecessores é quase uma regra entre crianças e jovens. No entanto, Yuri consegue perceber a relação existente entre sua história de vida e os desvelos generosos da sua avó para com ele, desde a tenra infância e, reconhecido, dela cuida sem cobranças.

O tema da gratidão e do bem-estar que ela produz é tão importante, que Joanna de Ângelis, no ano de 2011, trouxe, para nosso esclarecimento, a obra *Psicologia da gratidão*, psicografada por Divaldo Pereira Franco[22].

"A gratidão" – afirma – "é um dos mais grandiosos momentos do amadurecimento ético-moral do ser humano". E o Yuri, na flor da juventude, já sente desabrochar esse belo sentimento.

Sabemos que ser grato é próprio de pessoas que, espiritualmente, estão tentando se aprimorar, embora nem sempre o consigam. É ainda aquela benfeitora espiritual quem nos diz que: "Tentando-se, embora com erros e acertos, o exercício da gratidão, momento chega em que o ser se enriquece de júbilo por ser gentil e agradecido, não apenas por palavras, mas por atitudes". Coerente com esse pensamento, aquele jovem manifesta toda a sua gratidão por claros atos de dedicação e afeto.

Habituados que estamos, a dar publicidade ao mal, a comentar os erros alheios e a reclamar de tudo, fatos como o aqui destacado deveriam merecer nossa atenção por que, na verdade, eles existem, sem que o vejamos.

---

22. *Psicologia da gratidão*, páginas 285 e 95 respectivamente.

Nutro um sincero desejo de ver multiplicado ao infinito, o número de jovens que sejam gratos a seus pais e familiares mais próximos por entender que a gratidão é um sentimento que deveremos implantar em nossos corações, na esperança de dias melhores para a humanidade. Aquele jovem nos mostra que isso é possível.

Bibliografia

Bíblia Sagrada. *Bíblia de Estudo Almeida*. Trad. de João Ferreira de Almeida, versão revista e atualizada. Barueri, Sociedade Bíblica do Brasil, 2006.

Brasil. Ministério da Saúde. *Sistema de Informações sobre nascidos vivos* (Sinasc). 2016.

Carvalho, Walda Carneiro de Oliveira. "Projeto A responsabilidade é minha". *SAF em Revista*. São Paulo, Igreja Presbiteriana do Brasil, Ano 64, out./dez. 2018, p. 62-64.

Chagas, Floriza Garcia. *Álbum das meninas, revista literária e educativa dedicada às jovens brasileiras: estudo de um impresso de Anália Franco* (1898-1901). Dissertação (Mestrado em Educação). Universidade Federal de São Paulo, Escola de Filosofia, Letras e Ciências Humanas, Guarulhos, 2016.

CHEN, Ying & VANDERWEELE, Tyler J. Associations of Religious Upbringing With Subsequent Health and Well-Being From Adolescence to Young Adulthood: An Outcome-Wide Analysis. *American Journal of Epidemiology*. Vol. 187, n. 11, nov. 2018, p. 2355–2364,

DENIS, Léon. *O espiritismo na arte*. 2ª ed. Rio de Janeiro, Lachâtre, 1994.

FRANCO, Divaldo Pereira. Joanna de Ângelis (espírito). *Psicologia da gratidão*. Salvador, Leal, 2013, páginas 285 e 95 respectivamente.

GARDNER, Howard & DAVIS, Katie. *The app generation: how today's youth navigate identity, intimacy, and imagination in a digital world*. New Haven: Yale Press University, 2013.

HERCULANO-HOUZEL, Suzana. *O cérebro em transformação*. Rio de Janeiro, Objetiva, 2005.

INCONTRI, Dora. *Pestalozzi. Educação e ética*. São Paulo, Scipione, 1996.

KARDEC, Allan. *A Gênese*. Rio de Janeiro, FEB, 1999.

_____. *O Céu e o Inferno*. Rio de Janeiro, FEB, 1994.

_____. *O Evangelho segundo o Espiritismo*. Rio de Janeiro, FEB, 1988.

_____. *O Livro dos Espíritos*. Rio de Janeiro, FEB, 2007.

_____. *Revista Espírita*, Ano V; julho de 1862. Rio de Janeiro, FEB, 2009.

_____. *Revista Espírita*, Ano IX, outubro de 1866. Rio de Janeiro, FEB, 2009.

_____. *Viagem espírita em 1862*. 3ª ed. Matão, O Clarim, 2000.

MONTEIRO, Eduardo de Carvalho. *Anália Franco: a grande dama da educação brasileira*. São Paulo, Madras, 2004.

MOYSÉS, Lucia. *A autoestima se constrói passo a passo*. E-book. Campinas, Papirus, 2014.

OLIVEIRA, Eliane de Christo. *Anália Franco e a Associação Feminina Beneficente e Instrutiva: ideias e práticas educativas para a criança e para a mulher* (1870 – 1920). Dissertação (Mestrado em Educação) – Universidade São Francisco, 2007, Itatiba, 1989.

OLSON, Amy. "Analysis links violents video games to increased agression". *Dartmouth New*. Revista eletrônica, 2/10/2018.

PAN, Pedro Mario e outros. "Ventral Striatum Functional Connectivity as a Predictor of Adolescent Depressive Disorder in a Longitudinal Community-Based Sample". *American Journal of Psychiatry*, vol. 11, n.174, 01 nov. 2017.

PESTALOZZI, J. H. *Le chant du cygne*. Paris: Éditions Fabert, 2009, p. 127.

RIBEIRO, Hélio. Espíritos diversos. *Orientações espirituais sobre dependência química*. Barra Bonita, Solidum, 2019.

VINICIUS. *O mestre na educação*. Rio de Janeiro, FEB, 1995, p. 43.

XAVIER, Francisco Cândido. Emmanuel (espírito). *Vinha de luz*. Rio de Janeiro, FEB, 1996. p. 265-266.

XAVIER, Francisco Cândido. André Luiz (espírito). *Libertação*. 15ª ed. Rio de Janeiro, FEB, 1992.

XAVIER, Francisco Cândido. Meimei (espírito). *Deus aguarda*. Rio de Janeiro, GEEM, 1980.

WANTUIL, Zêus. *Grandes espíritas do Brasil*. 3ª ed. Rio de Janeiro, FEB, 1990.

Referências eletrônicas

Associations of Religious Upbringing With Subsequent Health and Well-Being From Adolescence to Young Adulthood. Disponível em: <https://doi.org/10.1093/aje/kwy142>. Acesso em: 22 mai. 2019.

Bebê Tyler chora ao Ouvir Beethoven. Disponível em: <https://www.youtube.com/watch?v=yB4x5SwRLJ4>. Acesso em: 14 fev. 2018.

Do que é feita uma vida boa? Lições do mais longo estudo sobre felicidade. Disponível em: <https://www.ted.com/talks/robert_waldinger_what_makes_a_good_life_lessons_from_the_longest_study_on_happiness?language=pt-br>. Acesso em: 30 set. 2018.

Estudo inédito pode ajudar a identificar depressão precocemente em jovens. Disponível em: <http://inpd.org.br/?noticias=estudo-inedito-pode-ajudar-a-identificar-depressao--precoçemente-em-jovens>. Acesso em: 22 mai. 2019.

Filho não é o centro do mundo. Disponível em: <https://www.revistapazes.com/filho-nao-centro--do-mundo>. Acesso em: 22 jul. 2018.

Grupo Musical Änïmä. Disponível em: <https://www.anima.mus.br>. Acesso em: 22 mar. 2019.

Gustavo Gomes da Silva, 10 anos, fruto do orgulho racial e da luta contra a intolerância. Disponível em: <https://www.geledes.org.br/gustavo-gomes-da-silva-10-anos-fruto-do-orgulho-racial-e--da-luta-contra-a-intolerancia>. Acesso em: 10 out. 2018.

Instituto Rumo Náutico – Projeto Grael. Disponível em: <http://www.projetograel.org.br>. Acesso em: 22 mai. 2019.

Menino crítico do racismo recebe Prêmio Cidadão São Paulo. Disponível em: <https://www.youtube.com/watch?v=oz2AOmRBkBQ>. Acesso em: 10 out. 2018.

Mensagem aos jovens. Disponível em: <http://www.mansaodocaminho.com.br/mensagem-aos-jovens-joana-de-angelis-divaldo-franco>. Acesso em: 02 abr. 2017.

Movimento você e a paz. Disponível em: <http://www.mansaodocaminho.com.br>. Acesso em: 22 mai. 2019.

OMS: quase 800 mil pessoas se suicidam por ano. Disponível em: <https://nacoesunidas.org/oms-quase-800-mil-pessoas-se-suicidam-por-ano>. Acesso em: 30 set. 2018.

ONG Espaço Cultural da Grota. Disponível em: <https://www.ecg.org.br>. Acesso em: 22 mai. 2019.

Oração Änïmä – Música Espírita. Disponível em: <https://www.youtube.com/watch?v=KcWD3j4JVpM>. Acesso em: 22 mar. 2019.

Preconceito e agressão à moradora de rua. Disponível em: <https://www.revistaprosaversoearte.com/vivemos-exaustao-humana-afirma-filosofa-sobre-morte-de-moradora-de-rua>. Acesso em: 15 nov. 2018.

Será que meu filho está viciado na internet?. Disponível em: <http://thaisquaranta.com.br/sera-que-meu-filho-esta-viciado-na-internet>. Acesso em: 02 jun. 2019.

Ventral Striatum Functional Connectivity as a Predictor of Adolescent Depressive Disorder in a Longitudinal Community-Based Sample. Disponível em: <https://ajp.psychiatryonline.org/doi/10.1176/appi.ajp.2017.17040430>. Acesso em: 22 jul. 2018.

Vídeos violentos. Disponível em: <https://news.dartmouth.edu>. Acesso em: 27 mai. 2018.

WebEspiritismo Guilherme Fraenkel. Disponível em: <https://www.youtube.com/channel/UC-fWQwEKfLC-DGuojRdo0pFQ>. Acesso em: 12 jun. 2019.

O conteúdo dessa obra é, basicamente, fruto de uma revisão ampliada de artigos publicados anteriormente no jornal *Correio Espírita*, dirigido por Saulo de Tarso Ferreira Netto.

VOCÊ PRECISA CONHECER

Nas mãos amigas dos pais
Lucia Moysés
Educação espírita • 14x21 cm • 168 pp.

Apresenta o olhar da educação espírita sobre diversos temas atuais, orientando os pais na difícil tarefa de educar e encaminhar os filhos para um verdadeiro desenvolvimento moral. Esclarece ainda que, com carinho e perseverança, podemos inspirar nessa nova geração conceitos morais baseados no espiritismo.

Educação com sabor de eternidade
Lucia Moysés
Educação espírita • 16x22,5 cm • 240 pp.

Lucia Moysés reuniu trabalhos bem-sucedidos de educadores espíritas junto a crianças e jovens. Neste livro, ela apresenta a pioneira experiência de evangelização para bebês, mostra os movimentos para além dos muros da casa espírita e os recursos da tecnologia que se constituíram em ferramentas destes educadores.

Superando aflições
Marcus De Mario
Autoajuda • 14x21 cm • 200 pp.

Superando aflições foi escrito para esclarecer e consolar. Para sensibilizar e espiritualizar. Para exaltar a vida e combater tudo o que pode manchá-la. Para trazer ao dia a dia os ensinos e exemplos do mestre Jesus. Este livro é um grito em favor da vida, sempre.